知的障がい教育と社会モデル

―文化に根ざした教育を考える―

高橋 眞琴 著

はじめに

　2014年に国連障害者の権利に関する条約が日本において批准され、この2016年4月には、障害を理由とする差別の解消の推進に関する法律（いわゆる障害者差別解消法）が本格的に施行された。

　今後は、差別の取り扱いの禁止や合理的配慮の提供が求められよう。特に、教育現場においては、初等・中等教育をはじめとして、国公立の学校も多く存在し、「不当な差別的な取り扱いの禁止」および「合理的配慮」が義務となっており、「職員対応要領」が求められている。障害者差別解消法においては、社会的障壁について、「障害がある者にとって日常生活又は社会生活を営む上で障壁となるような社会における事物、制度、慣行、観念その他一切のものをいう。」と定義されているが、「社会モデル」ということばは、使われていない。

　本書においては、これまでの知的障がいのある子どもたちの教育に関連する歴史的な背景や概念について把握した上で、知的障がい教育と社会モデルとの関係性について、検討を加えようとするものである。筆者がこのことに問題意識をもったのは、2012年の障害学会第9回（神戸）大会（大会委員長：津田英二　神戸大学教授）の実行委員として参加しており、「個人的な経験と障害の社会モデル：知的障害に焦点を当てて」がシンポジウムのテーマとして示されていたためである。準備の段階では、「障害の社会モデルは、身体障害者をモデルとした理論だという指摘がされることがある」「障害の社会モデルは、障害者の個人的な経験を看過してきたとも言われている」「知的障害者の語りを聞くことによって、語りに現れる個人的な経験がどのように障害の社会モデルと関連するのかという点にも迫りたい」という議論がなされた。

　その後、津田（2012）の『物語としての発達/文化を介した教育：発達

障がいの社会モデルのための序説』という書籍が発刊された。そのテーマは、教育に携わる者にとって、「教育とは何か」「発達障がいとは何か」「子どもたち一人ひとりにある生活の背景や想い」を知る上で非常に重要な内容を示していた。

「知的障がい教育と社会モデル」や「知的障害のある子どもたちにとっての社会モデルの意義」について、知的障がい教育の文脈で検討した研究は、あまり多く存在するとはいえない。

障害者差別解消法では、「障害及び社会的障壁」ということばが用いられているが、知的障がい教育の「目的」「内容」「方法」が以前と大きく変化していないにもかかわらず、「障害及び社会的障壁について、対応できている」とは言い難いのである。

桐原・安原（2012）は、「障害者の歴史は、社会事業史の言説の中で沈黙を強いられており、この沈黙を打ち破らない限り、障害者がいかに歩み、戦ってきたかを知り得ることはできない」と述べている。そこで、本書においては、前半部分において、「知的障がい及びその周辺の概念と社会との関係」「知的障がい教育の歴史的背景と社会との関係」「現在の知的障がい教育の教育課程の構造」について概観する。後半部分においては、学校教員や保護者、地域住民の経験に焦点を当て、知的障がいのある子どもたちにとっての社会モデルとはどのようなことを意味するのかについて、萌芽的検討を加える。

尚、本書は、「社会モデル」というテーマを付しているが、「知的障がい教育と社会モデルとの関係は、このようなことを意味する」という提言は行っていない。学会のシンポジウムのテーマになるような問いを内包しているからである。しかしながら、障害者差別解消法を踏まえた合理的配慮

を、本人の意向を尊重しながら、知的障がい教育の分野で、どのように行っていくかを考えることは、今日の教育現場では避けては通れない内容であろう。そこで、あえて、このテーマにチャレンジした次第である。研究者、教員、実践者、保護者、地域住民の方々が「知的障がいにおける社会モデルとは何か」について考える機会にしていただければ幸甚である。

注：本稿においては、条約、法令、通達等で使用されている用語、医学用語、引用を除き、「知的障がい」の表現を行うものとする。また、知的障がい教育の歴史を概観する上で、「知的障がい」を示す用語については、変遷がある。通達等を引用する場合、当該用語が出現する前に、本文中に、「知的障がい」で同意味であることを示す。

● 引用・参考文献
障害学会第9回大会（2012年度）web サイト
　http://www2.kobe-u.ac.jp/~zda/jsds-kobe.html　で閲覧可能.
（閲覧日：2016年4月9日）
桐原尚之・安原荘一（2012）「歴史障害学試論」障害学会第9回大会（2012年度）自由報告.
津田英二（2012）『物語としての発達/文化を介した教育：発達障がいの社会モデルのための序説』生活書院.
内閣府（2016）障害を理由とする差別の解消の推進に関する法律（平成25年法律第65号）.

目　次

はじめに

■第1章　知的障がいの基本的な概念について
1　「知的障がい」の教育学的概念 ——— 8
2　知的障がいが極めて重度である場合の概念 ——— 9
3　DSM-5における知的障がいの診断基準 ——— 10
4　知的障がいに関連する周辺の障がいについて ——— 12
5　知的障がいと周辺の障がいの概念と社会モデル ——— 22

■第2章　知的障がい教育の歴史
1　特別な学級の設置 ——— 28
2　知的障がいのある子どものための施設の萌芽 ——— 29
3　第二次世界大戦前後の知的障がいのある子どもたちの教育 ——— 30
4　知的障がいのある子どもたちに向けた思想 ——— 32
5　第二次世界大戦以降の知的障がい教育における施策 ——— 35
6　戦後の知的障がい教育の教育課程 ——— 39
7　知的障がい教育の歴史と社会モデル ——— 53

■第3章　知的障がい教育の教育課程の構造
1　特別支援教育の理念 ——— 58
2　特別支援教育を行うための体制の整備及び必要な取組 ——— 59
3　特別支援学校（知的障がい）の教育課程 ——— 61
4　知的障がい教育と社会モデルとの関係について ——— 88

■第4章　知的障がい教育に携わってきた教員のライフヒストリー
　　　　　―養護学校義務制から現代までの語りより―
1　ライフヒストリーについて ——— 92
2　養護学校義務制と教員採用試験 ——— 92
3　養護学校での重度の知的障がいのある子どもとの出会い ——— 94
4　知的障がいのある子どもの気持ちを理解した瞬間 ——— 96

5	Jくんとの別れ	97
6	解放教育と知的障がいのある子どもたち	98
7	もっと社会を変えていかなければならない	101
8	特別支援教育の時代になって	102

■第5章　知的障がいと社会モデル

1	知的障がいのある人々と隔離政策	108
2	セルフ・アドヴォカシーとピープルファースト	109
3	知的障がいのある人々や子どもたちの人権を考える	112
4	知的障がいのある人の現況	113
5	知的障がいと社会モデル	116

■第6章　知的障がいのある子どもたちと地域社会
　　　　　―合理的配慮と基礎的環境整備の論点整理に向けた保護者の語り―

1	インフォーマントの概要	120
2	保護者の語りからみた知的障がいのある子どもたちと地域社会	121
3	地域社会における知的障がいのある子どもたちへの合理的配慮と基礎的環境整備への論点整理に向けて	142

■第7章　知的障がいのある子どもたちと災害

1	阪神・淡路大震災と防災教育	148
2	避難所で生活できない知的障がいのある子どもたち	150
3	横の「つながり」の重要性	151
4	障害のある子どもは、普段からの経験の積み重ねが重要	152
5	災害後の障がいのある子どもたちの支援体制の構築	153
6	個別の教育支援計画での災害時の項目の必要性	154
7	災害時の知的障がいのある子どもたちとPerson-Centered Planning	155

■第8章　知的障がいのある幼児の発達支援
　　　　　―家庭や地域での活動を手掛かりに―

1	知的障がいのある幼児の発達支援に際して	160
2	知的障がいのある子どもとのコミュニケーションについて	161

    3　知的障がいのある幼児の子育てに関して ———————————— 162
    4　家庭での知的障がいのあるお子さんの発達支援の取り組み ———— 163
  ◆「地域でできる」発達支援プログラム　事例① ———————————— 175
  　　さつまいも掘りとクッキングを組み合わせたプログラム
  ◆「地域でできる」発達支援プログラム　事例② ———————————— 183
  　　積み木やブロックを使った遊びプログラム

■第9章　知的障がいのある人と生涯学習支援
    1　知的障がいのある人と生涯学習 ————————————————— 190
    2　知的障がいのある人の生涯学習支援の取り組みの経緯 —————— 191
    3　知的障がいのある人の大学内での活躍
    　　—神戸大学カフェ・アゴラの実践をもとに— ———————————— 193
    4　知的障がいのある人の生涯学習支援に向けて ———————————— 198

おわりに

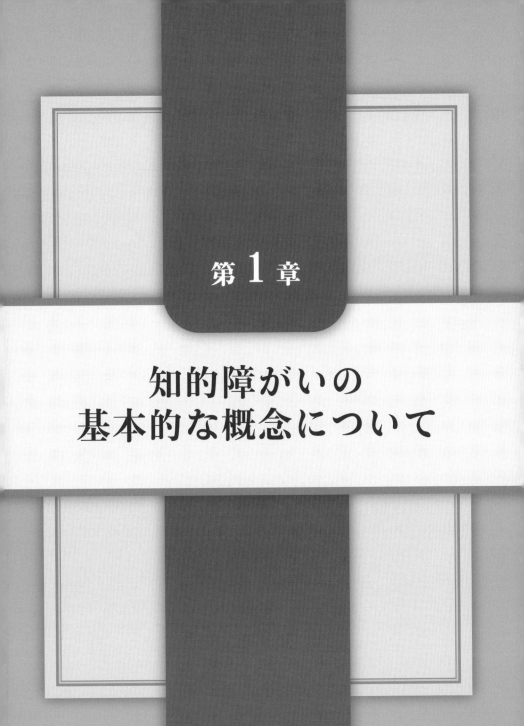

第1章

知的障がいの基本的な概念について

本章においては、「知的障がいと社会モデル」というテーマについて、議論する前に、まず、「知的障がい」は、「現在、日本において、どのように認識されているか」について、概念についての整理を行っていきたい。診断概念、すなわち「医学モデル」における概念を知ることは、知的障がいと「社会モデル」を議論する上で、重要であろう。

　また、知的障がいと関連する概念は、教育、医療等の各領域によって使い分けられている。相互に密接に関係する概念であるため、関連する概念との関係についても、把握していくことで、知的障がいと社会モデルについて考える足場とする。

1 「知的障がい」の教育学的概念

　文部科学省[注1]によると、「知的障害とは、記憶、推理、判断などの知的機能の発達に有意な遅れがみられ、社会生活などへの適応が難しい状態」であるとされる。

　特別支援学校学習指導要領解説の「知的障害者である児童生徒に対する教育を行う特別支援学校における指導の特徴について」の「知的障害のある児童生徒の学習上の特性等」では、以下のように示している。

　「知的障害のある児童生徒の学習上の特性としては、学習によって得た知識や技術が断片的になりやすく、実際の生活の場で応用されにくいことや、成功体験が少ないことなどにより、主体的に活動に取り組む意欲が十分に育っていないことなどが挙げられる。また、実際的な生活経験が不足しがちであることから、実際的・具体的な内容の指導が必要であり、抽象的な内容の指導よりも効果的である。特に、知的障害が極めて重度である場合は、視覚障害や聴覚障害、肢体不自由など、他の障害を併せ有することも多いので、より一層のきめ細かな配慮が必要となる。」とされている。

❷ 知的障がいが極めて重度である場合の概念

　学校教育法施行令第22条の3に掲げられる「視覚障害者・聴覚障害者・知的障害者・肢体不自由者・病弱者」のうち、二つ以上に該当する者を意味するものに、「重度・重複障害」という概念がある。広義では、言語障害や情緒障害などを併せ有する場合も含めている。1975年の特殊教育の改善に関する調査研究会の「重度・重複障害児に対する学校教育の在り方について（報告）」によれば、「重度・重複障害」について次のように定義している。第一に「学校教育法施行令第22条の3に規定する障害を2以上あわせ有する者」、第二に「発達的側面からみて、「精神発達の遅れが著しく、ほとんど言語を持たず、自他の意思の交換及び環境への適応が著しく困難であって、日常生活において常時介護を必要とする程度」の者」、第三に「行動的側面からみて、「破壊的行動、多動行為、異常な習慣、自傷行為、自閉性、その他の問題行動が著しく、常時介護を必要とする程度」の者」である。1979年の養護学校義務制の同年に通学が困難な子どもを対象にした訪問教育の実施に伴い、「障がいの重度・重複化」という傾向が伝えられるようになった。これらの傾向は、今日の特別支援教育の理念である「障がいの重度・重複化に対応した一人一人のニーズに応じた適切な指導及び必要な支援を行う」という理念にも通じるものといえる。

　尚、2010年告示の特別支援学校の学習指導要領における「重複障害」については、「複数の種類の障害を併せ有する児童又は生徒（以下「重複障害者」という。）」と定義され、特別支援学校の「重複障害学級」の編成や教育課程に使用されている。

③ DSM-5における知的障がいの診断基準

(1) DSM-5における知的障がいに関連する領域

　American Psychiatric Association（アメリカ精神医学会）(2013) のDSM-5（精神障害の診断と統計マニュアル第5版）においては、知的障がいに関連する障がいに関して、従来の知能指数による診断が見直され、The conceptual domain（概念的領域）、Thesocial domain（社会的領域）、The practical domain（日常的領域）の3つの領域における適応についても、総合的に判断する形となった。名称は、Intellectual Disabilities〔知的能力障害（知的発達症／知的発達障害）〕として示されている（表1－1）。

表1－1　DSM-5「知的能力障害（知的発達症／知的発達障害）」で示される3つの領域

The conceptual domain（概念的領域）	The social domain（社会的領域）	The practical domain（日常的領域）
language（言語） reading（読解） writing（筆記） math（数学） reasoning（推理） knowledge（知識） memory（記憶）	interpersonal communication skill（二者間あるいはグループでの情報交換力） the ability to make and retain friendships（友人をつくり、関係を保持する能力）	personal care（個人の身の回りのケア） job responsibilities（職業上の責任） money management（金銭管理） recreation（余暇活動） organizing school and work tasks（学校や仕事上の課題の組織化）

American Psychiatric Association、2013より筆者作成

　上記の表1－1でみるように、DSM-5においては、学習上の能力以外

にも知的障がいのある人と社会との関係性や日常生活上必要とされる力も重視されていることが理解できる。このことは、本人のみならず他者との関係性で変化し得る内容である。

DSM-5における「知的能力障害（知的発達症）」の診断基準は、**表1－2**のとおりである。

表1－2　DSM-5における「知的能力障害（知的発達症）」の診断基準

> 知的能力障害（知的発達症）は、発達期に発症し、概念的、社会的、および実用的な領域における知的機能と適応機能両面の欠陥を含む障害である。以下の3つの基準を満たさなければならない。
> A．「臨床的評価および個別化、標準化された知能検査によって確かめられる。論理的思考、問題解決、計画、抽象的思考、判断、学校での学習、および経験からの学習など、知的機能の欠落」
> B．「個人の自立や社会的責任において発達的および社会文化的な水準を満たすことができなくなるという適応機能の欠陥。継続的な支援がなければ、適応上の欠陥は、家庭、学校、職場、および地域社会といった多岐にわたる環境において、コミュニケーション、社会参加、および自立した生活といった複数の日常生活活動における機能を限定する。」
> C．「知的および適応の欠陥は、発達期の間に発症する。」

出典：日本精神神経学会（日本語版用語監修）髙橋三郎・大野裕監訳（2014）『DSM-5精神疾患の診断・統計マニュアル』医学書院、p.33

(2) American Association on Intellectual and Developmental Disabilities（aaidd）における知的障がいの概念

American Association on Intellectual and Developmental Disabilitiesにおいては、知的障がいについて、「知的機能及び適応行動（日々の社会的、日常的なスキルによって表わされる）の双方の顕著な制約によって特徴付けられる障害である。この能力障害は、18歳までに現れる」と定義している。同定義においても、Conceptual skills（概念的スキル）、Social skills（社会的スキル）、Practical skills（日常的スキル）という領域が掲げられている。自分自身をマネージメントする力や障がいの有無にかかわらず、求められる力であるだろう規範意識や危険回避が含まれている。

表1−3　知的障がいがある場合に求められるスキル

Conceptual skills （概念的スキル）	Social skills （社会的スキル）	Practical skills （日常的スキル）
language and literacy （言語とリテラシー） money（concepts） （金銭（的概念）） time concepts （時間（的概念）） self-direction （自己決定）	interpersonal skill （二者間やグループ間での スキル） social responsibility （社会的責任） self-esteem （自己肯定） gullibility （欺き） naïveté（wariness） （警戒心） social problem solving （社会的問題の解決） the ability to follow rules /obey laws （ルールや法律に従う能力） to avoid being victimized （犠牲になるのを回避すること）	activities of daily living （personal care） （日常生活動作（個人の身の 回りのケア） occupational skills （職業上のスキル） healthcare （健康管理） travel/transportation （旅行/交通機関） schedules/routines （スケジュール/ルーティン） safety （安全） use of money （金銭の使用） use of the telephone （電話の使用）

American Association on Intellectual and Developmental Disabilities（aaidd）'Difinition'より筆者作成

　Social skills（社会的スキル）、Practical skills（日常的スキル）については、相手とのやりとりや関係性で生じるものであり、社会との相互作用で起こる障がいであると考えられる。

❹ 知的障がいに関連する周辺の障がいについて

⑴学習障がいの教育学的概念

　学習障がいと知的障がいの関係は、学習障害概念が広まった当時から多くの議論がなされている（柘植、2016、p.169；柘植・上野、2012）。教育学的概念においては、学習障がいと知的障がいについて、「全般的な知的発達に遅れはないが」という表現を用いることによって区分される傾向が

表1−4　学習障害及びこれに類似する学習上の困難を有する児童生徒の指導方法に関する調査研究協力者会議（1999）での「学習障害」に関する定義、特徴、判断、実態把握基準

「学習障害とは、基本的には、全般的な知的発達に遅れはないが、聞く、話す、読む、書く、計算する、推論するなどの特定の能力の習得と使用に著しい困難を示す、様々な障害を指すものである。
　学習障害は、その背景として、中枢神経系に何らかの機能障害があると推定されるが、その障害に起因する学習上の特異な困難は、主として学齢期に顕在化するが、学齢期を過ぎるまで明らかにならないこともある。
　学習障害は、視覚障害、聴覚障害、精神薄弱（注：知的障がい）、情緒障害などの状態や、家庭、学校、地域社会などの環境的な要因が直接の原因となるものではないが、そうした状態や要因とともに生じる可能性はある。また、行動の自己調整、対人関係などにおける問題が学習障害に伴う形で現れることもある。
　この定義にあるとおり、学習障害は全般的な知的発達に遅れはないが、特定の能力の習得と使用に著しい困難を示すことが第1の要件である。しかし、実際には複数の能力の習得と使用に困難を示すことも多く、また、いわゆる2次的障害により、全般的に知的発達に遅れがある場合と明確に峻別し難いものも見られる。
　また、学習障害は、その背景として、中枢神経系に何らかの機能障害があると推定されているが、どのような機能障害があるかについては、現時点においては、医学的にも十分解明されていない。このため、学習障害を明確に定義することには難しい点があるが、次のとおり定義の明確化を図った。」

「学習障害とは、基本的には全般的な知的発達に遅れはないが、聞く、話す、読む、書く、計算する又は推論する能力のうち特定のものの習得と使用に著しい困難を示す様々な状態を指すものである。
**　学習障害は、その原因として、中枢神経系に何らかの機能障害があると推定されるが、視覚障害、聴覚障害、知的障害、情緒障害などの障害や、環境的な要因が直接の原因となるものではない。」**

ある。学習障害及びこれに類似する学習上の困難を有する児童生徒の指導方法に関する調査研究協力者会議（1999）は、**表1−4**のような定義、特徴、判断、実態把握基準を示している。

　学習障害及びこれに類似する学習上の困難を有する児童生徒の指導方法に関する調査研究協力者会議（1999）は、前述に示した定義について、以下のように解説している。「学習障害とは、知能検査等の結果から、基本的には知的障害のような全般的な知的発達の遅れは見られないが、学業成績、行動観察、詳細な心理検査等により、学習上の基礎的能力である聞く、話す、読む、書く、計算する又は推論する能力を習得し、使用することに

ついて、1つないし複数の著しい困難があると見られる様々な状態を総称するものである。」と述べている。また、「学習障害の対象となる習得と使用に著しい困難を示す能力の範囲は、「聞く、話す、読む、書く、計算する又は推論する能力」に限定する」としている。

　知的障がいと学習障がいの関係については、「教育上の措置を考えるに当たっては、(略)基本的には全般的な知的発達の遅れがないことの確認を要件としていることから、知能検査等の結果、明らかに知的障害が見られれば、知的障害の養護学校や特殊学級で教育を行うことが適当である。ただし、知的障害でありながら話す、書く等の学習の基礎的能力に大きな能力上のアンバランスがみられる等学習障害と同様の状態を示す場合がまれに見られるが、そのような場合は、知的障害児を対象とした教育の場の中で、必要に応じて学習障害としての配慮をすることが適当である。」と解説している。

　「知能検査の結果が、知的障害との境界付近の値を示すとともに、聞く、話す、読む、書く等のいずれかの学習上の基礎的能力に特に著しい困難を示す場合の教育的な対応については、その知的発達の遅れの程度や社会的適応性を考慮し、学習障害として、通常の学級等において学習上の基礎的能力の困難を改善することを中心とした配慮を行うか、知的障害として特殊学級（特別支援学級）において学習上の困難への対応を工夫することが適当である。」と　学習障害と知的障害がスペクトラムであることも示唆している。

(2)DSM-5における学習障がいの診断基準

　DSM-5においては、学習障がいは、「限局性学習症／限局性学習障害」（Specific Learning Disorder）という用語で説明されており、**表1－5**に示す診断基準となっている。

表1−5　DSM-5における「限局性学習症／限局性学習障害」の診断基準

> A．「学習や学業的技能の使用に困難があり、その困難を対象とした介入が提供されているにもかかわらず、以下の症状の少なくとも1つが存在し、少なくとも6ヶ月間持続していることで明らかになる」
> (1)「不適格または速度が遅く、努力を要する読字（例：単語を間違ってまたゆっくりとためらいがちに音読する。しばしば言葉をあてずっぽうに言う。言葉を発音することの困難さをもつ）」
> (2)「読んでいるものの意味を理解することの困難さ（例：文章を正確に読む場合があるが、読んでいるもののつながり、関係、意味するもの、またはより深い意味を理解していないかもしれない）」
> (3)「綴字の困難さ（例：母音や子音を付け加えたり、入れ忘れたり、置き換えたりするかもしれない）」
> (4)「書字表出の困難さ（例：文章の中で複数の文法または句読点の間違いをする。段落のまとめ方が下手。思考の書字表出に明確さがない）」
> (5)「数字の概念、数値、または計算を習得することの困難さ（例：数字、その大小、および関係の理解に乏しい、一桁の足し算を行うのに同級生がやるように数学的事実を思い浮かべるのではなく指を折って数える。算術計算の途中で迷ってしまい方法を変更するかもしれない）」
> (6)「数学的推論の困難さ（例：定量的問題を解くために、数学的概念、数学的事実、または数学的方法を適用することが非常に困難である）」
> B．「欠陥のある学業的技能は、その人の暦年齢に期待されるよりも、著名にかつ定量的に低く、学業または職業遂行能力、または日常生活活動に意味のある障害を引き起こしており、個別施行の標準化された到達尺度および総合的な臨床評価で確認されている。17歳以上の人においては、確認された学習困難の経歴は標準化された評価の代わりにしてもよいかもしれない。」
> C．「学習困難は、学齢期に始まるが、欠陥のある学業的技能に対する要求が、その人の限られた能力を超えるまでは完全には明らかにならないかもしれない（例：時間制限のある試験、厳しい締め切り期限内に長く複雑な報告書を読んだり買いたりすること。過度に重い学業的負荷）」
> D．「学習困難は知的能力障害群、非矯正視力または聴力、他の精神または神経疾患、心理社会的逆境、学業的指導に用いる言語の習熟度不足、または不適切な教育的指導によってはうまく説明されない。」

出典：日本精神神経学会（日本語版用語監修）高橋三郎・大野裕監訳（2014）『DSM-5精神疾患の診断・統計マニュアル』医学書院、pp.65-66

　このように、DSM-5における学習障がいの診断基準においては、読字、書字、算数等の運用能力が重視されている様子がわかる。
　学習障がいの判断としては、柘植（2016、p.171）は以下のように示している。一つは、ディスクレパンシーモデル（discrepancy model）であり、「知能や学力の間の著しい差の有無を、知能検査や学力検査から見て

いく方法である。米国も日本も、基本的にはこのモデルでＬＤを発見し、支援を始める。尚、個人内差としては、認知能力と学力の間に見られる差、認知能力間の個人内差、学力間の個人内差があり、こうした個人内差の特徴の有無がＬＤ判断の有力なポイントとなる」(柘植、2016、p.171)のである。

　もう一つは、米国を中心として用いられているＲＴＩ（介入に対する反応）モデルである。これは、「学習や行動のニーズを持つ児童生徒への、早期発見と早期支援への多層的なアプローチで、つまづきや困難が顕著になってから対応するのではなく、そうなる前から予防的に対応」(柘植、2016、p.171)することを意図している。

⑶注意欠陥／多動性障害（Attention-Deficit/Hyperactivity Disorder：ADHD）の教育学的概念

　今後の特別支援教育の在り方に関する調査研究報告者会議（2003）の「今後の特別支援教育の在り方について（最終報告）」による定義では、「ADHDとは、年齢あるいは発達に不釣り合いな注意力、及び／又は衝動性、多動性を特徴とする行動の障害で、社会的な活動や学業の機能に支障をきたすものである。また、7歳以前に現れ、その状態が継続し、中枢神経系に何らかの要因による機能不全があると推定される。」とされている。

⑷DSM－5における注意欠如・多動症／注意欠如・多動性障害の診断基準

　DSM-5においては、注意欠陥／多動性障害は、「注意欠如・多動症／注意欠如・多動性障害」（Specific Learning Disorder）という用語で説明されており、診断基準は**表１－６**のとおりである。

表1－6　DSM-5における「注意欠如・多動症／注意欠如・多動性障害」
　　　　（Attention-Deficit/Hyperactivity Disorder）の診断基準

A. (1)および/または(2)によって特徴づけられる。不注意および/または多動性－衝動性の持続的な様式で、機能または発達の妨げとなっているもの：
(1)**不注意**：以下の症状のうち6つ（またはそれ以上）が少なくとも6カ月持続したことがあり、その程度は発達の水準に不相応で、社会的および学業的/職業的活動に直接悪影響を及ぼすほどである：
注：それらの症状は、単なる反抗的行動、挑戦、敵意などの表れではなく、課題や指示を理解できないことでもない。青年期後期および成人（17歳以上）では、少なくとも5つ以上の症状が必要である。
(a) 学業、仕事、または他の活動中に、しばしば綿密に注意することができない。または不注意なまちがいをする（例：細部を見過ごしたり、見逃してしまう、作業が不正確である）。
(b) 課題または遊びの活動中に、しばしば注意を持続することが困難である（例：講義、会話、または長時間の読書に集中し続けることが難しい）。
(c) 直接話しかけられたときに、しばしば聞いていないように見える（例：明らかな注意を逸らすものがない状況でさえ、心がどこか他所にあるように見える）。
(d) しばしば指示に従えず、学業、用事、職場での義務をやり遂げることができない（例：課題を始めるがすぐに集中できなくなる。また容易に脱線する）。
(e) 課題や活動を順序立てることがしばしば困難である。
　　（例：資料や持ち物を整理しておくことが難しい。作業が乱雑でまとまりがない。時間の管理が苦手。締め切りを守れない）。
(f) 精神的努力の持続を要する課題（例：学業や宿題、青年期後期および成人では報告書の作成、書類に漏れなく記入すること、長い文書を見直すこと）に従事することをしばしば避ける、嫌う、またはいやいや行う。
(g) 課題や活動に必要なもの（例：学校教材、鉛筆、本、道具、財布、鍵、書類、眼鏡、携帯電話）をしばしばなくしてしまう。
(h) しばしば外的な刺激（青年期後期及び成人では無関係な考えも含まれる）によってすぐに気が散ってしまう。
(i) しばしば日々の活動（例：用事を足すこと、お使いをすること、青年期後期及び成人では、電話を折り返しかけること、お金の支払い、会合の約束を守ること）で忘れっぽい。
(2)**多動性及び衝動性**：以下の症状のうち6つ（またはそれ以上）が少なくとも6カ月持続したことがあり、その程度は発達の水準に不相応で、社会的および学業的/職業的活動に直接悪影響を及ぼすほどである：
注：それらの症状は、単なる反抗的行動、挑戦、敵意などの表れではなく、課題や指示を理解できないことでもない。青年期後期および成人（17歳以上）では、少なくとも5つ以上の症状が必要である。
(a) しばしば手足をそわそわ動かしたりトントン叩いたりする。またはいすの上でもじもじする。
(b) 席についていることが求められる場面でしばしば席を離れる（例：教室、職場、その他の作業場面で、またはそこにとどまることを要求される他の場面で、自分の場所を離れる）。

(c) 不適切な状況でしばしば走り回ったり高い所に登ったりする（注：青年または成人では、落ち着かない感じのみに限られるかもしれない）。
　　(d) 静かに遊んだり余暇活動につくことがしばしばできない。
　　(e) しばしば"じっとしていない"、またはまるで"エンジンで動かされているように"行動する（例：レストランや会議に長時間とどまることができないかまたは不快に感じる；他の人々には、落ち着かないとか、一緒にいることが困難と感じられるかもしれない）。
　　(f) しばしばしゃべりすぎる。
　　(g) しばしば質問が終わる前に出し抜いて答え始めてしまう（例：他の人々の言葉の続きを言ってしまう；会話で自分の番を待つことができない）。
　　(h) しばしば自分の順番を待つことが困難である（例：列に並んでいるとき）。
　　(i) しばしば他人を妨害し、邪魔する（例：会話、ゲーム、または活動に干渉する；相手に聞かずにまたは許可を得ずに他人のものを使い始めるかもしれない；青年または成人では；他人のしていることに口出ししたり、横取りするかもしれない）。
B．不注意または多動性・衝動性の症状のうちいくつかが12歳になる前から存在していた。
C．不注意または多動性・衝動性の症状のうちいくつかが2つ以上の状況（例：家庭、学校、職場；友人や親戚といるとき；その他の活動中）において存在する。
D．これらの症状が、社会的、学業的、または職業的機能を損わせているまたはその質を低下させているという明確な証拠がある。
E．その症状は、統合失調症、または他の精神病性障害の経過中にのみ起こるものではなく、他の精神疾患（例：気分障害、不安症、パーソナリティ障害、物質中毒または離脱）ではうまく説明できない。

出典：日本精神神経学会（日本語版用語監修）髙橋三郎・大野裕監訳（2014）『DSM-5精神疾患の診断・統計マニュアル』医学書院、pp.58-59

　教育学的概念及びDSM-5の診断基準を概観する限り、注意欠陥/多動性障害については、行動面で判断される障がいであるといっても過言ではない。すなわち、他者との関係性や他者による判断に依拠する部分が大きいといえる。

　Veck（2012）＝高橋（2014）における「エーリッヒ・フロム思想から見る注意欠陥多動性障害と教育における障害化」においては、英国のシックスフォーム・カレッジに在籍する女子学生が「一般の基準に満たない」と判断され、注意欠陥・多動性障害／注意欠陥・多動症というラベリングのもとに薬物療法の対象になった過程について描かれているが、人間関係のバランスや社会との相互作用、その場の状況や障がいのある子どもたちが示す行動についても変化が生じうるということである。

第1章　知的障がいの基本的な概念について

⑸自閉症・高機能自閉症の教育学的概念
　今後の特別支援教育の在り方に関する調査研究報告者会議（2003）の「今後の特別支援教育の在り方について（最終報告）」によると、自閉症（Autistic Disorder）は、以下のような定義となっている。
　「自閉症とは、3歳位までに現れ、①他人との社会的関係の形成の困難さ、②言葉の発達の遅れ、③興味や関心が狭く特定のものにこだわることを特徴とする行動の障害であり、中枢神経系に何らかの要因による機能不全があると推定される。」

　併せて、今後の特別支援教育の在り方に関する調査研究報告者会議（2003）の「今後の特別支援教育の在り方について（最終報告）」によると、高機能自閉症（High-Functioning Autism）は、以下のような定義となっている。
　「高機能自閉症とは、3歳位までに現れ、①他人との社会的関係の形成の困難さ、②言葉の発達の遅れ、③興味や関心が狭く特定のものにこだわることを特徴とする行動の障害である自閉症のうち、知的発達の遅れを伴わないものをいう。また、中枢神経系に何らかの要因による機能不全があると推定される。」

　つまり、「自閉症」においては、「知的発達の遅れ」の有無によって、自閉症か高機能自閉症かを峻別していることがみてとれる。また、「知的発達の遅れ」は、知的障がいを示唆しているといえよう。

⑹DSM-5における自閉スペクトラム症／自閉スペクトラム障害の診断基準
　DSM-5においては、「自閉症」は、「自閉スペクトラム症／自閉スペクトラム障害」（Autism Spectrum Disorder）という用語で説明されてお

表1-7　DSM-5における「自閉スペクトラム症／自閉スペクトラム障害」
　　　（Autism Spectrum Disorder）の診断基準

A. 複数の状況で社会的コミュニケーションおよび対人的相互反応における持続的な欠陥があり、現時点または病歴によって、以下により明らかになる（以下の例は一例であり、網羅したものではない）。
　(1) 相互の対人的－情緒的関係の欠落で、例えば、対人的に異常な近づき方や通常の会話のやりとりのできないことといったものから、興味、情動、または感情を共有することの少なさ、社会的相互反応を開始したり応じたりすることができないことに及ぶ。
　(2) 対人的相互反応で非言語的コミュニケーション行動を用いることの欠落、例えば、まとまりのわるい言語的、非言語的コミュニケーションから、視線を合わせることと身振りの異常、または身振りの理解やその使用の欠落、顔の表情や非言語的コミュニケーションの完全な欠陥に及ぶ。
　(3) 人間関係を発展させ、維持し、それを理解することの欠陥で、例えば、さまざまな社会的状況に合った行動に調整することの困難さから、想像上の遊びを他者と一緒にしたり友人を作ることの困難さ、または仲間に対する興味の欠如に及ぶ。
B. 行動、興味、または活動の限定された反復的な様式で、現在または病歴によって、以下の少なくとも2つにより明らかになる（以下の例は一例であり、網羅したものではない）。
　(1) 常同的または反復的な身体の運動、物の使用、または会話（例：おもちゃを一列に並べたり物を叩いたりするなどの単調な常同運動、反響言語、独特な言い回し）。
　(2) 同一性への固執、習慣への頑ななこだわり、または言語的、非言語的な儀式的行動様式（例：小さな変化に対する極度の苦痛、移行のようなあいさつの習慣、毎日同じ道順をたどったり、同じ食物を食べたりすることの要求）
　(3) 強度または対象において異常なほど、きわめて限定され執着する興味（例：一般的ではない対象への強い愛着または没頭、過度に限局したまたは固執した興味）
　(4) 感覚刺激に対する過敏さまたは鈍感さ、または環境の感覚的側面に対する並外れた興味（例：痛みや体温に無関心のように見える、特定の音または触感に逆の反応をする。対象を過度に嗅いだり触れたりする、光または動きを見ることに熱中する）
C. 症状は発達早期に存在していなければならない（しかし社会的要求が能力の限界を超えるまでは症状は完全に明らかにならないかもしれないし、その後の生活で学んだ対応の仕方によって隠されている場合もある）。
D. その症状は、社会的、職業的、または他の重要な領域における現在の機能に臨床的に意味のある障害を引き起こしている。
E. これらの障害は、知的能力障害（知的発達症）または全般的発達遅滞ではうまく説明できない。知的能力障害と自閉スペクトラムはしばしば同時に起こり、自閉スペクトラム症と知的能力障害の併存の診断を下すためには、社会的コミュニケーションが全般的な発達の水準から期待するものより下回っていなければならない。
注：DSM-Ⅳで自閉的障害、アスペルガー障害、または特定不能の広汎性発達障害の診断が十分に確定しているものには、自閉スペクトラム症の診断が下される。社会的コミュニケーションの著しい欠陥を認めるが、それ以外は自閉スペクトラム症の診断基準を満たさないものは、社会的（語用論的）コミュニケーション症として評価されるべきである。

出典：日本精神神経学会（日本語版用語監修）髙橋三郎・大野裕監訳（2014）『DSM-5精神疾患の診断・統計マニュアル』医学書院、pp.49-50

り、表1-7に示す診断基準となっている。

　このように、教育学的概念及びDSM-5の診断基準を概観する限り、自閉症についても、行動面や社会性で判断される障がいであるといっても過言ではない。すなわち、他者との関係性や他者による判断に依拠する部分が大きいといえる。
　教育学的においては、「知的発達の遅れ」の有無によって、自閉症か高機能自閉症かを峻別しているため、「知的障がい」とも密接な関係があるといえる。
　稲田（2016、p.163）によると「高機能ASD児者にソーシャルシンキングを指導する際に、本人がかかえる対人認知的困難を明確に捉えるためのインフォーマルアセスメントとして、ILAUGHモデル（Winner、2007；Kent、2013）がある」とする。「高機能ASDの場合、知的障害がないため周囲からその年齢や知的水準に見合った適切な行動、文脈にもあった行動をとることが期待される。ILAUGHとは、6つの困難領域の頭文字を併せた略語」稲田（2016、p.163）である（表1-8）。

表1-8　ILAUGHモデル

> *Initiation of communication*
> 　（コミュニケーションの開始）
> *Listening with your eyes and brain*
> 　（あなたの目と脳で聞く）
> *Abstract and Inferential Language/Communication*
> 　（言語及びコミュニケーションの抽象と推論）
> *Understanding perspective*
> 　（視点の理解）
> *Gestalt Processing/Getting the big picture*
> 　（ゲシュタルト処理／全体像の把握）
> *Humor and human relatedness*
> 　（ユーモアと人間関係）

　　　　Winner、2007; Kent、2013; 稲田、2016、p.163より筆者作成

5 知的障がいと周辺の障がいの概念と社会モデル

ここまで、知的障がいと周辺の障がいの概念について、検討を加えてきた。厚生労働省によると知的障がいと周辺の障がいとの関係は、以下のように示される。互いに併存している様子がわかる。

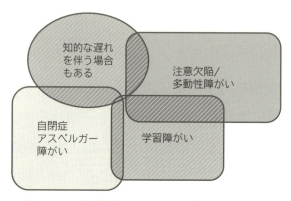

図1－1　知的障がいと周辺の障がいとの関係
厚生労働省　webサイト（http://www.mhlw.go.jp/seisaku/17.html）より筆者作成

しかしながら、ここまで教育学的概念及びDSM-5での概念を概観してきたように、知的障がいと周辺の障がいの概念については、行動面や社会性で判断される障がいであるといっても過言ではない。他者との関係性や他者による判断に依拠する部分が大きく、各場面での文脈によっても、起こりうる「障がい」やその度合いも変化すると考えられる。

Lenney and Sercombe（2002、p.17）は、社会成員が障がいのある人とのコミュニケーションを避ける理由として、「健常者の障害者への視線のあり方や、相互交流を避けることからであったりする。さらによくあるのは、どのように交流したらよいのかわからなかったり、彼ら自身や障害者そのものに注目が行くのを避けたい。もしくはプライバシーを侵害したくないからかもしれない」(Lenney and Sercombe、2002、p.17；オリバー・

サーベイ＝野中・河口、2010、p.125）と述べる。社会成員が障がいのある人々または、その可能性があると認識している人々に向ける視線や偏見によって、「活動中に、しばしば綿密に注意することができない」「会話に集中し続けることが難しい」「習慣への頑ななこだわり」があると判断されることもあり得るだろう。

　例えば、筆者の知る事例であるが、高校野球に執着する女子中学生がいる。高校野球に関する事物を収集し、学校に提出する予定表などの書類にも高校野球に関する内容が書かれている。日常の話題についても、すべて高校野球に関するもので、部活動や学習そっちのけで、高校野球の試合を見に行く。友人との会話もすべて、高校野球に関することである。日常生活や学校生活では、身の回りの片づけや学習も決して得意とはいえない。

　この事象を捉えた場合、周囲がこの女子中学生に、「頑ななこだわり」があるという視線を向けるか、若いので「高校球児への憧れがある」という視線を向けるかによって、「本人の障がいの有無」についてもかわってくるのだ。

　このように、障がいの概念については、社会成員の視線の向け方によっても変動し、特に、知的障がいのある人の機能の制約は、地域社会における仲間や文化などの状況の中で考慮する必要があることが理解できる。

　また、DSM-ⅣからDSM-5への内容の変更に見るように、時代や政策によって、知的障害や学習障害の概念の変更がなされていることがわかる。高橋（2016）においても、ブロンフェンブレンナーの生態学的システム理論に依拠して、クロノシステム（時代の経過による文化や教育システム）や　マクロシステム（教育政策、福祉政策など）が個人に及ぼす影響に示唆している。

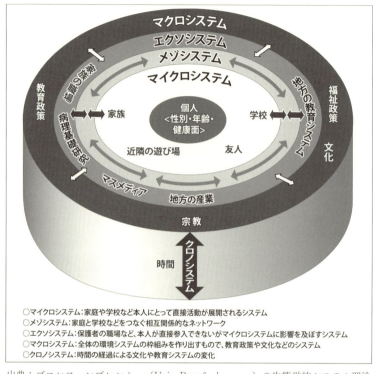

出典：ブロンフェンブレンナー（Urie Bronfenbrenner）の生態学的システム理論
　　　（ecologicalsystem theory）より筆者作成

図１－２　時代と政策が障がいの概念に及ぼす影響について

　第2章の知的障がい教育の歴史においても、そのような概念の変遷や知的障がいのある子どもたちの生活に与えてきた影響についても捉えていきたい。

注１）文部科学省webサイト
　　http://www.mext.go.jp/a_menu/shotou/tokubetu/004/003.htmで閲覧可能
　　（閲覧日：2016年5月6日）

● 引用・参考文献

American Psychiatric Association (2013) Diagnostic and Statistical Manual of Mental Disorders Fifth Edition.

American Association on Intellectual and Developmental Disabilities ; 'Difinition' https://aaidd.org/intellectual-disability/definition#.VyZ4yvZJmM9 で閲覧可能（閲覧日：2016年5月2日）

Danielle Geno Kent (2013) ILAUGH Model ,Encyclopedia of Autism Spectrum Disorders, pp.1545-1550.

Lenny, M. and Sercombe, H.(2002) "Did You See That Guy in the Wheelchair Down the Pub?" Interactions across Difference in a Public Place', *Disability & Society*, 17(1), Taylor & Francis, pp.5-18.

Veck, W. (2012)Reflecting on attention-deficient hyperactivity disorder and disablement in education with Eric Fromm, *Disability & Society*, 27(2), Taylor & Francis.

Winner, M. (2007) Thinking about you thinking about me, 2nd edition. San Jose, CA: Think Social Publishing, Inc.

稲田尚子（2016）「児童期の発達障害支援の最前線　ソーシャルシンキング」『臨床心理学』92第16巻第2号,pp.160-163.

学習障害及びこれに類似する学習上の困難を有する児童生徒の指導方法に関する調査研究協力者会議（1999）「学習障害児に対する指導について」．

今後の特別支援教育の在り方に関する調査研究報告者会議（2003）「今後の特別支援教育の在り方について（最終報告）」．

高橋眞琴（2016）『複数の障害種に対応する　インクルーシブ教育時代の教員の専門性』ジアース教育新社．

高橋眞琴（2014）ウエイン・ベック「エーリッヒ・フロム思想から見る注意欠陥多動性障害と教育における障害化」堀正嗣監訳『ディスアビリティ現象の教育学―イギリス障害学からのアプローチ』現代書館、pp.230-250.

柘植雅義・上野一彦（2012）サミュエル・A・カークが主張した学習障害と精神遅滞の関係を巡る最近の一連の学術論文と日本への示唆，ＬＤ研究21－2；297－305.

柘植雅義（2016）「ＬＤの発見と支援」『臨床心理学』92第16巻第2号,pp.169-174

日本精神神経学会（日本語版用語監修）髙橋三郎・大野裕 監訳（2014）『DSM-5精神疾患の診断・統計マニュアル』医学書院．

マイケル・オリバー・ボブ・サーベイ著、野中猛　監訳、河口尚子訳（2010）『障害学にもとづくソーシャルワーク　障害の社会モデル』p.125.

第 2 章

知的障がい教育の歴史

本章においては、知的障がい教育の萌芽から今日に至るまでの知的障がいのある子どもたちの教育の歴史について、特に、「社会との関係」という視点で紐解くことを試みる。これまでの知的障がい教育がどのような観点で実施されていたかを捉えることは、「知的障がい教育と社会モデル」というテーマ設定上、重要であり、教育の構造が従来のままでは、障害者差別解消法における「社会的障壁」についても語りにくいのではないかと考えるからである。

1 特別な学級の設置

　日本最初の知的障がいのための学級は、明治23年の長野県松本尋常小学校に設けられた特別な学級（落第生学級）であった。「明治時代の後半になって就学率が50％超えるようになったのであるが、就学率が高まるに伴って問題になったのが、就学時のなかに学業成績の振るわない子どもが出てきたため」（文部省、1978、p.139）であった。以降、知的障がいのある子どもの特別な学級が設置されていった（表2-1）。

表2-1　知的障がいのある子どもの特別な学級

設置年度	学校名
1886	群馬県館林尋常小学校
1887	岩手師範学校附属小学校
1888	東京高等師範学校附属小学校 福岡女子師範学校附属小学校 姫路師範学校附属小学校 長野師範学校附属小学校
1889	長野県小諸尋常小学校
1890	北海道丸山尋常小学校
1891	奈良女子師範学校附属小学校

（文部省、1978より作成）

❷ 知的障がいのある子どものための施設の萌芽

　1891年に、石井亮一は孤女学院を創設し、後に滝乃川学園と改称した。日本最初の知的障がいのある子どもの学校となった。

　石井が、立教女学院に勤務していた際に、濃尾大地震で多くの震災孤児が生じたことを知り、孤児となった女子を収容する施設を開いたが、その中に２名の知的障がいのある子どもが混じっていたことが契機となったとされる（文部省、1978、p.141）。

　特に、この滝乃川学園における教育方法で参照されたのは、「セガンの（Seguin）の教育法」といわれる。

　当時、セガンの（Seguin）の生理学的教育法（中村、2003、p.34）は、海外の知的障がいのある子どもたちの教育法にインパクトを与えていた。セガンの教育法の源流の一つは、フランスの精神医学であり、精神病の改善を目指していた。セガン（Seguin）の教育方法と並び、アベロンの野生児への教育的実験を行ったイタール（Itard）の知見を参照した教育方法が当時は、重要視されていた（中村、2003、p.35）。

　滝乃川学園以外には、明治42年に京都に白川学園が設立された。創設者は脇田良吉である。マンハイム式の精神薄弱（知的障害）学級に寄宿舎を開設するという構想に基づいて白川学園を開設した。

　このほか、岩崎佐一によって1916年に大阪府に設立された桃花塾、川田貞治郎によって1919年に設立された伊豆大島に設立された藤倉学園、岡野豊四郎により1923年に茨城県に設立された筑波学園、三田谷啓によって1927年兵庫県に設立された三田谷治療教育院、久保寺保久によって1928年に千葉県に設立された八幡学園、などがあった（文部省、1978、p.142）。

3 第二次世界大戦前後の知的障がいのある子どもたちの教育

1939年には、「大阪市に於ける学業不振児の調査」によって、以下の①〜③の要望がまとめられた（文部省、1978、p.142－143）。

①「この調査において、もっとも強度の精神薄弱（知的障がい）児IQ50以下611名に対しては、現今の小学校の教科教育については、全くその効果を認め得ないので、別途の社会施設をつくり、これら児童の一代を保護する方法を講ずべきである。」

②「やや軽い精神薄弱児IQ50〜70、3,457名に対しては、300学級の特別学級又は特殊学級を設け、個別指導によらなければならない。特殊学級又は学級で、これら児童の知能の発達に適した教育を行えば、少なくとも1、2年の進度を高めるばかりでなく、性格面のゆがみもなおし得るのである。」

③「境界線級の学業不振児IQ80以上、1,445名については、その学習不振の原因はそれら児童の身体的、性格気質的、家庭環境等幾多の原因が複雑であるが、これら児童のための特別学級を設け、個人指導を行えば、正常の学習進度にまで回復治療することも可能で、これを目的とする「促進学級」または「補助学級」「教育治療室」等をぜひ設けなければならない。」

そして、「②の要望に応えることとして、恩斉学校が設置された。「恩斉」とは、論語の里仁篇の中の「子曰く、賢を見ては斉しからんことを思い、不賢を見ては内に自ら省みるの也」から命名したもの」（文部省、1978、p.143）とされる。

この知的障がいのある子どもたちの学校である大阪市立恩斉学校については、当時の小学校令での学校に関する規定がなかったため、小学校に類する各種学校として発足後、1952年には大阪市立恩斉小・中学校、昭和32

年には、大阪市立恩斉養護学校となった。東京においては、品川区立大崎中学校特殊学級が、昭和25年に東京都に移管後、東京都立青鳥中学校となり、昭和32年には、東京都立青鳥養護学校（文部省、1978、p.386）となり、知的障がい教育の基盤が確立されていった。

　当時の「知的障がい教育は、小学校での特別な学級と、施設という2つの潮流で出発した」（文部省1978、p.143）のであるが、「明治後期に設立された特別な学級の教育内容・方法は、普通児の教育課程の程度を下げ懇切丁寧に教えることが中心だった。」（文部省、1978、p.144）とされる。

　第二次世界大戦以降、連合国軍総司令部（GHQ）の占領下で教育改革が行われた（文部省、1978、p.173）。「米国教育使節団報告書」は、「日本の教育の実態を把握し、それに基づいて、戦後の教育改革についての具体的な勧告案」（文部省、1978、p.175）であるが、当該報告書には、「身体障害や精神薄弱の児童に対しては、それぞれの学校の程度に応じて注意を払うことが必要である。盲児、聾児及びその他、通常の学校では十分にその必要を満たさない重い障害を有する児童に対しては、特別の学級又は学校が用意されなければならない。その就学については、通常の義務教育法によって規定されなければならない。（Attention should be given, at appropriate levels, to physically handicapped and mentallyretarded children children. Separate classes or schools shouldbe provided for the blind and deaf other seriously handicappedchildren whose needs can not be met adequately in the regular schools. Attendance should be governed by the regular compulsory attendance law.）」という文章が示され、その後の特殊教育における規定の根拠となっていった（文部省、1978、p.176）。

　当時は、前述のセガンとグッゲンビュールの研究・教育成果に基づいて、

ヨーロッパ各地においても、知的障がいのある子どものための学校が創設されていった。米国においても1948年に、マサチューセッツ州で、ウィルバー医師（Wilbur）医師により、1948年に軽度の知的障がいのある子どもと通常学級に通学できない知的な問題のある子どもを対象とした私立学校が開設された。ハウ（Howe）の知的障がいに関連する教育思想も影響を与えた。ハウは、「非教科的指導も教育であり、それが組織的・計画的に行われる場は学校である」「『精神薄弱者』は、心身の発達を維持するべきに、彼の育ったコミュニティで生活すべきである」（中村、p.37）という主張をしている。

❹ 知的障がいのある子どもたちに向けた思想

(1)近江学園の実践

　近江学園は1946年に、糸賀一雄、田村一二、池田太郎によって、設立された。当時、糸賀は、滋賀県に勤務していたが、戦後直後のいわゆる「浮浪者狩り」という表現にみる放浪生活を送る子どもたちを収容する児童福祉のあり方に問題意識をもっていたとされる。知的障がいの問題に起因する貧困の対策は、知的障がいの問題そのものの対策を考えなければならないとし（糸賀、1965b、p.217）、「戦災孤児や生活困窮児、あるいはしばしば彼らと行動を共にしていた知的障碍児を受けいれ、教育の立場から問題の解決にあたろうとした」（森、2014、p.159）のである。

　「児童問題への接近は治安対策などではなく、子どもの教育を中心に据え、子どもを一人前の社会人へ育てることによってはじめて対策の名に値すると考えられていた。教育の観点を明確に位置付けて養護児や知的障碍児にとりくんだ」（森、2014、p.159）のである。1948年には、滋賀県立となり、経営的基盤も安定するようになった。

　近江学園に『世の光』と命名された母子像がある。像の由来であるが、

『知的障害といわれる人たちを世の光たらしめることが学園の仕事である。知的障害を持つ人たち自身の真実な生き方が世の光となるのであって、それを助ける私たち自身や世の中の人々が、かえって人間の生命の真実に目覚め救われていくのだ』（滋賀県、2007）という糸賀の願いが込められている。

　このことばからは、社会によって庇護される存在と考えられている知的障がいのある子どもたちを「世の中の中心に据えていこう」とする糸賀の意欲を想起させる。

　児童施設だった学園は、年月を経るうちに、利用者が成人し、成人向けの施設が必要となった。1956年には、「信楽青年寮」が設立され、1961年には田村一二による知的障害者の施設「一麦寮」も創設された（渡邊、2014、p.21）。

(2)近藤益雄の実践

　糸賀と並び、知的障がいのある子どもたちに向けた実践として、近藤益雄の実践がある。近藤は、小学校に勤務していたが第二次世界大戦前より「生活綴方」を中心とする実践を行っていた。「生活綴方」とは、子どもたちが自分たちの生活の中で、実際に、見たり、聞いたり、感じたりしたことを自分の文章として書きおこし、表現していく営みであるといえる。

　近藤（1975、p.242）は、「どの子どももみんなかけるようにしてやろう」で次のように述べている。

「それは、ずいぶんむつかしい仕事にちがいない。しかし、それはどうしてもやらねばならぬ。この頃は作文でも図画でもどういうわけかコンクールばやりであるが、入選とか、豆天才とか、そんなことは私たちの願うところではない。どの子どもも書けるようにしてやること。それは最も低くて、しかも高い目当てだ。

そのためには私たちは何をせねばならぬか、そのためにひらがなの一字一字が言葉になり、そのことばで文が綴れるようにしてやらねばならない。五十人がひと組の教室に一人か二人はどうにか字の書けない子供はいるものだ、それにさえ私たちは文がかけるようにしてやらねばならぬ。それはずいぶんつらい仕事だ。それは砂につむように、やってもやっても仲々行きつきそうもない。はるかな道だ。しかし私たちの目あてはそういう子どもにさえ、ものを考えさせ、ものを言わせ、そして文をつづらせるところにある。」

　この近藤(1975)の文章からは、クラスに数名、字を書くことが困難な子どもたちの存在を示唆しているともいえる。このような近藤の考え方は、生活綴方の実践を通して、知的障がいをはじめとする様々な教育上、生活上の課題を抱えた子どもたちに向き合っていこうという意欲が感じられる。つまり、「生活綴方教育と知的障がい教育との史的・実践的関係について注目すべき点は、生活綴方教育の思想と方法を、単に子どもに活用しただけではなく、なによりもまず教師である自分自身が実践すべき課題としてとらえていること」(清水、2009、p.216)であろう。すなわち「日々の教育実践について、記録を書くことに努めた。学校と寮での、つまり昼も夜もつづく知的障がいのある子たちとの生活と教育、さらには地域での社会教育的な活動のなかにあって、それをやりぬこう」(清水、2009、p.216)としていったのである。

　近藤は、小学校の校長職に2年間ついた後、辞職し、知的障がいのある子どもたちの学級「みどり組」を設立し、自ら担任になる。そして、自宅を用いて「のぎく寮」を開設した。

　近藤の知的障がい教育においては、『のんき・こんき・げんき』のことばを教育実践上の心得としてきた。近藤・清水編、城台写真(2009)の近藤益男の「のぎく寮」での写真実践記録をみると、知的障がいのある子ど

もたちと寝食をともにしながら、日常生活や理科、運動会、芸術活動に取り組んでいる様子が伝わってくる。離れて暮らしている保護者と面会する子どもの姿の写真を見ると切ないものがある。

清水（2009、pp.211-212）は、「障がいが重ければ重いほど、『身辺処理』をはじめとして生活していく上で障碍（さしさわり）や不自由なことは多い。しかし、それは憐れむべきではなく不幸なことでもない。それに障がいによる心身の負担は置かれている社会的な環境、人間との関係、医療や教育とのあり方などによって限りなく変化し、軽減していけるものなのだ。しかし、その際、とりわけ教育は、その目標が教育の本質により深くせまり、その内容や方法は通常の教育以上にきめこまやく吟味され、その手立てはより豊かさが求められる」と近藤の知的障がい教育実践を考察している。

近藤のこのような寝食を共にする子どもたちに寄り添った実践は、知的障がい教育のあり方に一石を投じているといえる。

つまり、知的障がいのある子どもたちを社会から排除するのではなく、社会の問題として捉え、子どもたちを中心として、地域教育、社会教育的な視点で教育に取り組んでいるということである。

❺ 第二次世界大戦以降の知的障がい教育における施策

それでは、戦後の知的障がい教育の施策では、どのような形がとられていったのであろうか。ここで把握していきたい。

1952年には、東京都内小学校特殊学級在籍の保護者の提唱で「精神薄弱児育成会」（手をつなぐ育成会）が結成され、「全日本特殊学級研究連盟」が結成され、「精神薄弱児のための養護学校及び特殊学級拡充に関する請願書」が提出された。1953年には、「精神薄弱児対策基本要綱」が決定された（文部省、1978、p.193）。また、同年には、文部省は、「特殊児童判

別基準とその解説」を刊行したが、精神薄弱（知的障がい）に関する定義と基準、教育的措置について、以下のように定めた（文部省、1978、pp.392-393）。

表2－2　文部省（1978）『特殊児童判別基準とその解説』に示される精神薄弱（知的障がい）に関する定義・基準・教育的措置

定義
　種々の原因により精神発育が恒久的に遅滞し、このため知的能力があり、自己の身辺の事がらの処理および社会生活への適応が著しく困難なものを精神薄弱者とし、なお、これをその程度により、白痴・痴愚・愚鈍の三者に分ける。

基準
1．白痴　言語をほとんど有せず、自他の意志の交換および環境への適応が困難であって、衣食の上に絶えず保護を必要とし、成人になってもまったく自立困難と考えられるもの。（知能指数（IQ）による分類を参加とすれば、25ないし20以下のもの）
2．痴愚　新しい自体の変化に適応する能力が乏しく、他人の助けによりようやく自己の身辺の事がらを処理しうるが、成人になっても知能年齢6・7歳に達しないと考えられるもの。（IQ20ないし25から50の程度）
3．魯鈍　日常生活にはさしつかえない程度にみずから身辺の事がらを処理することができるが、抽象的な思考推理は困難であって、成人に達しても知能指数10歳ないしは12歳程度にしか達しないと考えられるもの。（IQ50ないし75から50の程度）
付1　境界線児　全項と正常児との中間にあるもの。（IQ75から85の程度）
付2　現在、精神疾患、脳疾患を有する精神遅滞

教育的措置
1．基準1に規定した程度に該当するものに対しては、就学免除に考慮する。
2．基準2に規定した程度に該当するもののうち、遅滞の高度のものは就学猶予を考慮し、軽度の者に対しては、養護学校に就学させ、または特殊学級に入れて指導するのが望ましい。
3．基準3に規定した程度に該当するものに対しては、養護学校に就学させ、または特殊学級に入れて指導することが望ましい。
4．基準付1に規定した程度に該当するものに対しては、状況に応じ、養護学校または特殊学級または普通学級に入れるかを決定することが望ましい。
5．基準付2に示すものに対しては、就学猶予を考慮し、医療にゆだね、その結果により適宜な措置が望ましい。

出典：文部省（1978、pp.392-393）より筆者作成

1954年には、中央教育審議会の「特殊教育およびへき地教育振興に関する答申」に基づき、特殊教育の対象となる児童生徒の実態調査が行われた。併せて、「特殊教育の振興について」の答申が行われた。その際、知的障がいのある子どもたちに関連する事項について、教育の場については、「精神薄弱者はその程度が重い者は主として養護学校、軽い者は主として特殊学級」、学校の設置については、「養護学校は障害によって管理運営が異なる点が多いので、それぞれ対象に応じた別種の学校とする」、学校の設置については、「市及び人口三万人以上の町村に年次計画により、人口数に応じて一定数の特殊学級の設置を義務付け、国の補助を行う」「人口三万人未満の町村に特殊学級設置を奨励し、国の補助を行う」と示した（文部省、1978、pp.204-205）。

　1959年の中央教育審議会の答申においては、盲・聾・養護学校の対象者が明確にされ（文部省、1978、pp.207）、「都道府県に対し、養護学校の設置を奨励するための国の措置をいっそう強化して、その設置を義務づけること」と提言された。同年に、中央青少年問題協議会も、「精神薄弱児対策の推進について」として意見具申を行ったが、「精神薄弱児特殊教育の振興」に関して、「市町村に対しては速やかに年次計画をもって、小中学校の特殊学級の設置を、及び都道府県に対しては養護学校の設置を義務付けるとともに、これが設置に当っては、国は、その補助率を従来の二分の一から三分の二に引き上げるべきである」と述べた。文部省は、1961年を初年度とする養護学校及び特殊学級の設置促進のための五カ年計画を策定し（文部省、1978、p.387）、第1次計画を修正した1964年度を初年度とする第二次計画を策定したが、「各都道府県に都道府県立の精神薄弱養護学校を一校以上設置することを目標とした」（文部省、1978、p.388）のである。

　1957年の児童福祉法の改正以降は、精神薄弱養護学校と施設の機能分担が言及されており、文部・厚生両省より、通園施設に入学する児童生徒に

ついては、以下の措置が取られていた（文部省、1978、p.389）。
- 「就学猶予又は免除の措置をとること」
- 「精神発育の遅滞の程度が中程度以上の者であること」
- 「その程度が軽度の場合には、近くに養護学校や特殊学級がない場合に限って入所することができる」

　これらの施設は、教育上も重要な立場を果たしていた。児童福祉法第48条でも「養護施設、精神薄弱児施設、盲ろうあ児施設、虚弱児施設および肢体不自由児施設（強調部分、辻村、1972）の庁は、学校教育法に規定する保護者に準じて、その施設に入所中の児童を就学させなければならない」（辻村、1972、p.10）と規定されており、「これらの施設に入所している学齢の児童については、施設の庁が、保護者に代わって、小・中学校や盲・聾学校の小・中学部に就学させる義務を負うている」（辻村、1972、p.10）からである。知的障がいのある子どもたちは、住んでいる地域や自宅にいる保護者から離れた施設で生活することが余儀なくされていたのである。

　1962年には、養護学校において、教育すべき者の心身の故障の程度も定められ、「文部省初等中等教育局長通達により、『学校教育法および同法施行令の一部改正に伴う教育上特別な取扱いに要する児童・生徒の教育的措置について』が示され、養護学校、特殊学級、就学猶予・免除のそれぞれの対象を障害の程度で区分すること」（文部省、1978、p.393）となった。

　辻村（1972、p.7）は、就学猶予又は免除の制度について、「義務教育の猶予・免除という制度は戦前と全く同じ形で残っていて、社会がもっとたくさん養護学校を増設したり、訪問教師制度を実施したりしさえすれば、重い障害児の就学の道は開きるのに、それをしないで、重い障害児の親が就学の猶予免除を願いでなければならない（強調部分　辻村、1972）という一方的な規則が平気で施行されている。それが戦後のわが国の義務教育なのである」と憂いている。合法的に、重い知的障がいのある子どもたちが教育の場から排除されていることに問題意識を提起している。

1965年には、「文部省の『判別と就学指導』講習用のテキストとして、米国精神薄弱学会（AAMD）の定義を紹介しながら、新たな精神薄弱の概念」を示した（文部省、1978、p.393）。

　精神薄弱特殊学級については、市町村の人口段階に応じて設置基準を定め、1961年度からの五か年計画により、1965年までに市及び人口30,000人以上の町村に、設置基準を満たすように、3,916学級の増設計画が推進された（文部省、1978、p.207）。

　養護学校の設置拡大によって、施設から養護学校へ移行する児童・生徒も多くなった。1974年には、就学猶予又は免除の措置は、要さなくなった（文部省、1978、p.389）。

❻ 戦後の知的障がい教育の教育課程

　ここまで、戦後の知的障がい教育の政策的な動向を確認してきた。それでは、実際の学校教育における教育課程はどのような形であったのだろうか。「戦後の特殊学級においては、学業の遅れがちな、様々な児童生徒を対象としたこともあって、学年段階を下げた各教科等の内容を用意する『水増し教育課程』に依存する傾向があった」（文部省、1978、p.396）が、知的障がいのある子どもたちの特性にあった教育課程や指導法を模索するようになった。

　例えば、東京都立青鳥養護学校の実践では、1947年～1950年には、生活主義教育への模索として、中学校年齢の知的障害のある生徒に様々な指導法を試みた。教科学習の内容の程度を検討したり、作業学習を試みたことがその例である（全日本特別支援教育研究連盟、2002、p.14）。1951年～1952年には、「バザー単元」が模索され、知的障がいのある子どもたちの指導法が教科的指導から生活経験単元指導に切りかえられた。それらは、主として、「動機づけ⇒相談⇒計画⇒材料集め⇒制作⇒販売⇒収益計算⇒

反省」という展開であった(全日本特別支援教育研究連盟、2002、pp.17-19)。

このように、知的障がい教育は、現実生活に基盤を置く「経験主義教育」を目指しており、自立的生活力の育成が重要視されていったといわれる(文部省、1978、p.396)。以下では、具体的内容を確認していきたい。

(1)学習指導要領の制定に向けて

1950年代後半から1960年代にかけては、知的障がい教育の組織化が検討されるようになった。1959年には、特殊教育指導者講座の精神薄弱班が教育課程編成の資料作成を課題として、作業・検討を行った（文部省、1978、p.396)。教育内容組織案は、
「Ⅰ．生活領域（身辺生活の習慣、集団生活への参加、環境資源の利用）
　Ⅱ．情操領域（音楽的分野、造形的分野、演劇的分野、遊びの分野、飼育・栽培の分野）
　Ⅲ．健康領域（健康安全の理解など）
　Ⅳ．生産（作業領域）
　Ⅴ．言語領域（社会自立に必要な言語能力）
　Ⅵ．数量領域（社会自立に必要な要素）」
の6領域案であった（全日本特別支援教育研究連盟、2002)。

その後、知的障がい教育の本質として、「各教科等による分類形式を採用しても、既存の各教科の概念にとらわれずに、精神薄弱教育にふさわしい教育内容を盛り込むこと」「各教科等で教育内容を分類しても授業は教科別に進める必要はなく、各教科等の内容を合わせて行うことができること」の2つの条件が確認された（文部省、1978、p.398)。後者の方は、現在の知的障がい教育での「合わせた指導」の源流になっているとも考えられる。

(2) 知的障がい教育の学習指導要領の変遷

ここでは、知的障がい教育にかかわる学習指導要領の変遷において、特に、「教育目標」と関連する事項について、知的障がい教育と社会との関連がどのように表現されているかについて把握していきたい。

1）1963年通達　養護学校小学部・中学部学習指導要領（精神薄弱編）
①知的障がいのある子どもたちの特性

「精神薄弱者は、肢体不自由者や病弱者とは異なり、次に示すような学習指導上の特性をもっている。
　ア　精神の発育が恒久的に遅滞し、そのため学習能力が著しく劣ること。
　イ　精神の構造が未分化であり、応用、総合等の能力に欠けているため、知識・技能等の習得が断片的にとどまりやすいこと。
　ウ　したがって、具体的な生活の場面において、全部または一部の各教科の内容を統合して与えるのでなければ、生活に役だつ生きた知識・技能として、それを習得していくことが困難であること。
　エ　なお、同じ精神薄弱者であっても、その個人差がきわめて大きいから、それに応じるためにも全部または一部の各教科の内容を統合する必要があること。」（文部省、1963）

上記のアの「精神の発育が恒久的に遅滞し」という表現からは、知的な力や社会性における発達がいつまでも得られないという印象を受ける。イの「精神の構造が未分化」という表現からは、思考力や言動の解釈におけるメカニズムが混然一体となっており、本人の運用が円滑に行われていないという様子がみてとれる。第1章でも検討を行ってきたが、「精神の発育」や「精神の構造」については、社会や他者との相互作用によって得られるものであることはいうまでもない。これらの知的障がいのある子どもたちの特性から「精神薄弱者を教育する養護学校の小学部及び中学部の各学年においては、小学部にあっては第73条の7第1項に規定する教科、中学部にあっては第73条の8第2項に規定する教科の全部又は一部について、これらをあわせて授業を行うことができる。」という規定がなされ、「知的

障がいのある子どもたちへの教育方法の一つ」として、設けられ、現在に至るまで息づいていると推察される。

② 「指導の一般方針」
　指導の一般方針においては、「地域や学校の実態を考慮し、児童または生徒の知能その他の精神的特性、発達段階ならびに経験等に即応する」（文部省、1963）とともに、特に、以下の内容に留意することが求められている。

「ア　精神薄弱教育の究極的な目標は、児童・生徒を社会生活に適応させ、自立的な生活を営むようにするところにあること。
　イ　精神薄弱教育において必要とする各教科、道徳、特別教育活動および学校行事等の内容は、児童・生徒が自らの力で身辺の生活を処理し、進んで社会生活に参加していく上に必要な最少限の具体的な経験に限られ、また、それは、児童・生徒の理解力とその発達にともなう生活領域の拡大に即応して、段階的に組織・配列しなければならないものであること。
　　　特に、各教科の内容については、児童・生徒の精神の構造が未分化な状態にあればあるほど統合され、しかも、それは、できるだけ身近な生活の場面における具体的な学習活動を通して身につけさせるようくふうされなければならないものであること。
　ウ　精神薄弱教育においては、それぞれの段階ごとに、それに応じた指導の重点を適切に定めて行なわなければならないこと。すなわち、一般的に、義務教育該当年令の初期の段階にあっては、基本的な生活の習慣を身につけさせるための指導を、中期の段階にあっては、その上に進んで集団生活に参加し、学級や学校等における社会的な活動を円滑に行なわせるための指導を、後期の段階にあってはさらに、それらの上に、職業や家事等にたずさわっていく場合に必要な知識・技能等を身につけさせるための指導を、特に重視して、重点的にその内容を選択・組織・配列しなければならないこと。」
　（文部省、1963）

　上記の「ア　精神薄弱教育の究極的な目標は、児童・生徒を社会生活に適応させ」という表現からは、「知的障がいのある子どもたちを限りなく、知的障がいのない人々の社会生活に近づける」ということが目標とされて

いると考えられる。つまり、知的障がいのない人々がマジョリティであり、マジョリティの社会で適応できることや生活することを目標として、知的障がい教育が存在していることを示すものであろう。

ウの「それぞれの段階ごと」にという部分においては、現在の段階別の指導の萌芽ともいえるだろう。そのため、それぞれの子どもたちの「段階」を判断する教員の責務は大きいといえる。

③「教育の一般目標」

「教育の一般目標」においては、知的障がいのある子どもたちの特性に応じた教育方法が示されている。以下では、抜粋しながら検討を加えていきたい。

「(1) 精神薄弱の児童・生徒は、知的能力の障害を主徴候とするものであるが、それは単に知的欠陥のみならず、行動の面でもいろいろなゆがみをもっている。そのなかのあるものは、精神薄弱の原因に付随して生じるものもあるが、家庭その他周囲からの要求や期待に答えきれなかったり、自己の欲求が適切に受け入れられなかったり、また、しかられたり、侮辱などを受けて精神的な安定性を失い、その結果、非社会的、反社会的な行動傾向を示すものも少なくない。したがって、その指導にあたっては、児童・生徒ひとりひとりの発達の程度や経験獲得の状況等をよく理解するとともに、その個人差に留意して、できるかぎりそれに応じた指導を行なうようにすること。」
（文部省、1963）

この内容は、知的障がいのある子どものたちの自己肯定感に言及しているものと考えられるが、「行動面でのゆがみ」については、知的障がいの症状というよりは、むしろ社会成員との相互作用によるものとも考えられる。「非社会的、反社会的な行動傾向」という表現についても、社会成員の意識とも密接な関連がある内容といえる。

「(3) 精神薄弱の児童・生徒は、一般に新しい経験を獲得していくことに対する

欲求が乏しく、また、それに対する興味や関心も薄い。さらに、自主的、自律的に物事を処理していく意欲を欠き、何事をするにも他律的で依存的である場合が多い。したがって、その指導にあたっては、飼育・栽培、音楽・リズム、造形、体育その他生産的作業や職業的訓練などの動的、情意的で具体的な生活場面において、児童・生徒の能力に応じた課題を与えるとともに、学習に対する目標をじゅうぶんはあくさせ、成就による満足感、成功感などを味わわせ、さらにそれにより学習に対する興味や関心を深め、長い目で気長にその自主性や自発性を高めていくようにすること。」（文部省、1963）

　上記の表現からは、知的障がいのある子どもたちの新しい物事への関心の希薄さが示されているが、すべての知的障がいのある子どもたちというわけではなく、子どもたちによっては、あらたな発見をした際に、その内容に関心を示す様子もうかがえる。学習内容として、飼育・栽培、音楽・リズム、造形、体育その他生産的作業や職業的訓練が例示されているが、この内容は、本書のテーマでもある「文化に根差した教育」を考える上でも、手がかりとなってくるだろう。

「(4)　精神薄弱の児童・生徒は、知的能力に欠陥があるばかりでなく、身辺のことがらを処理する能力や社会的適応性にも乏しいのが普通である。したがって、その指導にあたっては、基本的な生活習慣をしっかり身につけさせるとともに、その所属する学級の一員として、その集団生活に参加し、それぞれの役割を果たしていこうとする意欲を高め、進んで学習活動にはいっていくように配慮することが必要である。そのためには、学級における好ましい人間関係を育てたり、教室内外の整とんや美化に努めたりするなど、できるかぎりその生活環境を整えていくようにすること。なお、登校・下校の途中や休憩時その他余暇の時間なども、精神薄弱の児童・生徒を教育していく上にたいせつな場や機会となるから、これらの時間等の指導についても、じゅうぶんに配慮すること」（文部省、1963）

　ここでは、「基本的生活習慣」を醸成するために、学校教育での集団生活での役割付与や整理整頓、余暇活動の活用について述べられている。「基本的生活習慣」を醸成するであろう場面については、示唆されているが、具体的な方法については、言及されていない。ただ、この文脈におい

ても、集団との相互作用が知的障がいのある子どもたちの社会性を醸成する上で、重要であることを示唆しているといえる。

(6) 精神薄弱の児童・生徒は、新しく経験したことがらを自ら生きた知識・技能として、日常の生活に役だたせていく能力に乏しいため、ささいなことがらについても常に反復練習をする必要があり、また、その継続的、発展的な指導も強く望まれる。(文部省、1963)

ここでは、知的障がいのある子どもたちが得た知識の活用を般化するには、「反復練習」を行うことが重要であることが述べられている。現代においては、知的障がいのある子どもたちの認知特性に応じた支援もなされているが、当時は、「反復練習」が主流であった様子がうかがえる。

ここまで、検討を加えてきたように、1963年通達の養護学校小学部・中学部学習指導要領(精神薄弱編)においては、当時の知的障がい教育の究極的な目標は、「児童・生徒を社会生活に適応させる」ことにあり、知的障がいのある子どもたちの特性が個人に起因する形で述べられているように見受けられた。また、具体的な教育方法としては、「生活中心的な学習」を重視した上で「情意を生む活動場面」「集団的な活動場面」の活用や「反復練習」の重要性が示されているといえよう。

2)1971年施行 養護学校小学部・中学部学習指導要領(精神薄弱編)
1970年代になると、これまで概観してきたように、養護学校の設置拡大によって、教育課程上の対応も必要とされた。養護学校(精神薄弱教育)小学部・中学部学習指導要領の改訂が進められ、1971年に告示された。改訂点は以下の通りであった(文部省、1978、p.399)。
➤ 「教育目標を大幅に整理し、基本的・基礎的能力の伸長を図るべきことを強調した。」

- 「新たに『養護・訓練』が設けられ、小学部・中学部とも、各教科、道徳、特別活動、養護・訓練の四領域構成となった。」
- 「道徳の内容についても、各教科、特別活動。養護・訓練などの内容と統合して授業を行うことができるようにした。」
- 「小学部において、新教科『生活』が設けられ、社会、理科、家庭の各教科が廃され、六教科編成となった。」

尚、新設された「養護・訓練」であるが、「児童または生徒の心身の障害の状態を改善し、または克服するために必要な知識、技能、態度および習慣を養い、もって心身の調和的発達の基盤をつちかう。」（文部省、1971）ことを目的としており、表2－2に示す内容となっている。

表2－2　1971年施行　養護学校小学部・中学部学習指導要領が示す養護・訓練の内容

A　心身の適応	C　運動機能の向上
1　健康状態の回復および改善に関すること。 2　心身の障害や環境に基づく心理的不適応の改善に関すること。 3　障害を克服する意欲の向上に関すること。	1　肢体の基本動作の習得および改善に関すること。 2　生活の基本動作の習得および改善に関すること。 3　作業の基本動作の習得および改善に関すること。
B　感覚機能の向上	D　意思の伝達
1　感覚機能の改善および向上に関すること。 2　感覚の補助的手段の活用に関すること。 3　認知能力の向上に関すること。	1　言語の受容技能の習得および改善に関すること。 2　言語の形成能力の向上に関すること。 3　言語の表出技能の習得および改善に関すること。

（文部省、1971）より筆者作成

この「養護・訓練」の内容からは、「障害の改善、克服」に向けた個人の機能障害に関する内容が示されている様子がわかる。

すなわち、この時代においては、社会との相互作用によって生じる障壁

(ディスアビリティ)を検討しているのではないことも理解できる。

そこで、以下においては、1971年施行の養護学校小学部・中学部学習指導要領で「教育目標」と関連する事項において、知的障がい教育と社会との関連がどのように表現されているかについて把握していく。

①教育目標
「1　小学部においては，次に掲げる教育目標
　(1)　健康で明るい生活をするために必要な心身諸機能の調和的発達を図ること。
　(2)　日常生活に必要な基礎的な生活習慣を身につけ、進んで仕事をしようとする態度を養うこと。
　(3)　家庭生活や、学級、学校、地域社会における集団生活に参加する能力や態度を養うこと。
　(4)　身近な社会や自然についての関心や初歩的な知識をもたせ、社会生活に必要な技能を養うこと。
　(5)　日常生活に必要な国語や数量についての基礎的な知識をもたせ、それらを使用したり、処理したりする能力を養うこと。
　2　中学部においては，次に掲げる教育目標
　(1)　小学部における教育目標をなおじゅうぶんに達成すること。
　(2)　日常の経済生活についての関心を深め、将来の職業生活や家庭生活に必要な基礎的な知識と技能を身につけるとともに勤労を重んずる態度を養うこと。」(文部省、1971)

この教育目標からは、ほぼすべての項目で「生活」ということばが取り上げられており、知的障がいのある子どもたちの将来の生活を重視した教育目標が設定されていることがわかる。一般的には「生活」は、家庭及び学校といった親密圏における日常生活を意味していると考えられるが、第1章で述べた、ブロンフェンブレンナーの生態学的システム理論でのどのシステムまでを「生活圏」と捉えるかによって指導内容も大幅に変化することであろう。また、担当する教員の「生活観」による面も大きいだろう。

②教育課程一般

「1　学校においては、法令およびこの章以下に示すところに従い、児童または生徒の精神発育の遅滞の状態および心身の発達段階と特性ならびに地域や学校の実態をじゅうぶん考慮して、適切な教育課程を編成するものとする。
2　小学部については、第2章以下に示す小学部の生活、国語、算数、音楽、図画工作および体育の各教科、道徳、特別活動ならびに養護・訓練の内容に関する事項は、特に示す場合を除き、いずれの学校においても取り扱わなければならない。
3　中学部については、第2章以下に示す中学部の国語、社会、数学、理科、音楽、美術、保健体育および職業・家庭の各教科、道徳、特別活動ならびに養護・訓練の内容に関する事項は、特に示す場合を除き、いずれの学校においても取り扱わなければならない。
4　学校において特に必要がある場合には、心身の障害の状態により学習が困難な児童または生徒について、小学部または中学部の各教科の目標および内容に関する事項の一部を欠き、または中学部の各教科の目標および内容に関する事項の全部もしくは一部を当該各教科に対応する小学部の各教科の目標および内容に関する事項の全部もしくは一部によって代えることができる。」
（文部省、1971）

　ここでは、1962年度版の学習指導要領における内容に加え、小学部、中学部において、具体的に取り扱う教科が示していることが理解できるよう特に、生活や経験を重視した学習が施行されていることが特徴である。併せて、養護学校で取り扱う教科学習の内容については、ナショナルカリキュラムとして、標準化が促進されてきたとも考えられる。
　また、「養護・訓練」と「生活」の新設については、従来、「教育の内容、教科の内容とみなされなかったものを領域の内容・教科の内容として位置づけたもので、教育の概念及び教科の概念の拡大・変革を意味し、その意義は大きい」（文部省、1978、p.400）とされる。
　特に、知的障がい教育の教科の部分では、「1　各教科の内容の全部または一部を合わせ、または各教科、道徳、特別活動および養護・訓練の内容の全部または一部を統合して指導計画を作成するに当たっては、個々の児童または生徒の実態に即し、個人差に応ずるよう適切にくふうをするこ

とが必要である。(文部省、1971)と述べられており、現在の「領域・教科を合わせた指導」の源流とも考えられる。

例えば、千葉大学教育学部附属特別支援学校では、1978年の学校研究のテーマを「生活単元学習再考」として、実践的研究を重ねてきた。障がいの重度化への対応と子どもの生活と学習を密着させるための試みであり、「子どもに合わない教師の主導」「子どもに適切な活動や体験としての観点が薄い」「子どもの主体的取り組みになっていない」という問題意識からであった(全日本特別支援教育研究連盟、p.131)。

3) 1972年施行 養護学校高等部学習指導要領(精神薄弱編)

養護学校小学部・中学部学習指導要領(精神薄弱編)が1971年施行された翌年の1972年には、「養護学校高等部学習指導要領(精神薄弱編)」が施行された。ここでも特に、「教育の目標」について、知的障がい教育と社会との関連がどのように表現されているかについて把握していきたい。

①教育目標

「生徒の精神発育の遅滞や社会適応の困難性などを考慮し、次に掲げる目標の達成に努めなければならない。
(1) 中学部における教育の目標を、なおじゅうぶんに達成するとともに、その成果をさらに発展拡充させること。
(2) 生徒の将来の職業生活や家庭生活に必要な能力や態度を身につけさせること。」(文部省、1972)

養護学校高等部学習指導要領(精神薄弱編)においては、高等部の目標が中学部の目標を継承、発展させるものとなっていること、また「生活」についても「職業生活」と「家庭生活」と具体的な場面が目標となっていることが特徴であるともいえよう。

②教育課程一般

　高等部学習指導要領で示された教育課程の主たる点は、以下のような内容である（一部抜粋）。

「1　生徒の人間として調和のとれた育成を目ざし、その精神発育の遅滞の状態および心身の発達段階と特性ならびに学校や地域の実態をじゅうぶん考慮して、適切な教育課程を編成するものとする。
　2　各教科は、国語、社会、数学、理科、音楽、美術、保健体育、職業および家庭（以下「各教科」という。）ならびにその他特に必要な教科とする。
　3　各教科、養護・訓練、道徳および特別活動の内容に関する事項は、特に示す場合を除き、いずれの学校においても取り扱わなければならない。
　4　心身の障害の状態により学習が困難な生徒について、各教科の目標および内容に関する事項の一部を欠き、またはその一部を当該各教科に相当する中学部の各教科の目標および内容に関する事項の一部によって代えることができる。
　5　精神発育の遅滞の程度が著しく重い生徒および精神薄弱と他の心身の障害をあわせ有する生徒のうち、学習が著しく困難な生徒については、各教科、道徳および特別活動の目標および内容に関する事項の一部を欠き、または各教科に代えて養護・訓練を主として指導を行なうことができる。
　6　各教科、養護・訓練、道徳および特別活動について、相互の関連を図り、全体として調和のとれた具体的な指導計画を作成し、発展的，系統的な指導を行なうものとする。
　7　各教科、養護・訓練、道徳および特別活動の内容に関する事項の指導に当たっては、それぞれの目標および内容の趣旨を逸脱しない範囲内で、生徒の実態を考慮して、重点のおき方に適切なくふうを加え、指導の効果を高めるように努めるものとする。
　8　授業時数については、次に示すところによるものとする。
　(1)　総授業時数は、各学年とも1,190単位時間（1単位時間50分）を標準とする。この場合、各教科、養護・訓練、道徳および特別活動の目標および内容を考慮し、それぞれの年間の授業時数を適切に定める。
　(2)　養護・訓練に充てる授業時数は、生徒の心身の障害の状態に応じて、適切に定める。
　(3)　各教科、養護・訓練、道徳および特別活動の授業は、それぞれ年間35週以上にわたって行なうように計画すること。この場合、生徒の精神発育の遅滞の状態をじゅうぶん考慮し、週当たりの授業時数が負担過重とならないようにすること。
　(4)　それぞれの授業の単位時間の実施については、学校や生徒の実態および授業の内容や方法に即して適切に定めること。
　9　卒業までに履修させる各教科、養護・訓練、道徳および特別活動の授業時

数を3,570単位時間を標準として定める。」(文部省、1972)

　この高等部の学習指導要領では、障がいの重度・重複化に伴う各教科の「養護・訓練」への代替、教科間の相互関連性、履修すべき時間数など現代の特別支援学校学習指導要領にも通じる内容が盛り込まれているといえる。

4) 1979年施行　盲学校、聾学校及び養護学校　小学部・中学部・高等部学習指導要領

　1979年には、養護学校義務制が実施され、養護学校の数も増加してきた。特に、これまで、就学猶予、免除となっていた重い障がいの子どもたちも養護学校に通学することとなり、障がいの重度・重複化についても、言及されるようになった。

　ここでも特に、学習指導要領における「教育の目標」において、知的障がい教育と社会との関連がどのように表現されているかについて把握していきたい。

①教育目標
「小学部及び中学部を通じ、児童及び生徒の心身の障害に基づく種々の困難を克服するために必要な知識、技能、態度及び習慣を養うこと。」(文部省、1979)

　教育目標においては、前述の「養護・訓練」の内容で言及された「障害の克服」に類似した「障害に基づく種々の困難を克服」という表現がなされているが、単に機能障害のみならず、「技能」や「態度」も含まれていることから、社会成員との関係性についても含意されているように推察できる。

②教育課程一般
　ここでは、特に、「知的障がい教育と社会」について関連があると考えられる部分のみ、抜粋して示す。

「2　学校における道徳教育は、学校の教育活動全体を通じて行うことを基本とする。（中略）学校において道徳教育を進めるに当たっては、教師と児童生徒及び児童生徒相互の人間関係を深めるとともに、家庭や地域社会との連携を図りながら、日常生活の基本的行動様式をはじめとする道徳的実践の指導を徹底するよう配慮しなければならない。
　4　養護・訓練に関する指導は、心身の障害に基づく種々の困難を克服させ、社会によりよく適応していく資質を養うため、学校の教育活動全体を通して適切に行うものとする。特に、養護・訓練の時間における指導は、各教科、道徳及び特別活動と密接な関連を保ち、個々の児童又は生徒の心身の障害の状態や発達段階に即して行うよう配慮しなければならない。
　5　各教科、道徳、特別活動及び養護・訓練の内容に関する事項は、特に示す場合を除き、いずれの学校においても取り扱わなければならない。
　7　心身の障害の状態により学習が困難な児童又は生徒について特に必要がある場合には、各教科の目標及び内容に関する事項の一部を欠き、又は各教科の各学年の目標及び内容の全部若しくは一部を当該学年の前各学年の目標及び内容（中略）の全部若しくは一部によって替えることができる。
　10　授業時数については、次のとおり取り扱うものとする。
　　(1)　小学部又は中学部の各学年における総授業時数は、小学校又は中学校の各学年における総授業時数に準ずるものとすること。この場合、各教科、道徳、特別活動（学級会活動、クラブ活動及び学級指導）及び養護・訓練の目標及び内容を考慮し、それぞれの年間の授業時数を適切に定める。
　　　　精神薄弱者を教育する養護学校における小学部又は中学部の各学年の養護・訓練に充てる授業時数は、児童又は生徒の心身の障害の状態に応じて適切に定める。
　11　学校においては、次の事項に配慮しながら、学校の創意を生かし、全体として調和のとれた具体的な指導計画を作成するものとする。
　　(1)　各教科、道徳、特別活動及び養護・訓練について、相互の関連を図り、発展的、系統的な指導ができるようにすること。なお、小学部の低学年においては、合科的な指導が十分できるようにすること。
　　（中略）
　　(3)　児童又は生徒の経験を広め、社会性を養い、好ましい人間関係を育てるため、学校の教育活動全体を通じて、小学校の児童又は中学校の生徒及び地域社会の人々と活動を共にする機会を積極的に設けるようにすること。」
　（文部省、1979）

この学習指導要領からは、「心身の障害に基づく種々の困難を克服させ、社会によりよく適応していく資質を養う」ための「養護・訓練」の位置づけや、養護学校義務制に伴う、重度・重複障がいのある子どもたちへの対応、「各教科、道徳、特別活動及び養護・訓練について、相互の関連を図ることや合科的指導」、「交流及び共同学習」の機会の設置などが示唆されている。
　また、「地域社会」ということばもいくつか出現することから、「社会との相互作用による障がい」も概念化されつつあるのではないかと考えられる。
　尚、第2章の「各教科」においては、「精神薄弱者を教育する養護学校」として、各教科の目標及び内容が示されているが、第2の「指導計画の作成と各教科全体にわたる内容の取扱い」の部分で「1　各教科の内容の全部若しくは一部を合わせ、又は各教科、道徳、特別活動及び養護・訓練の内容の全部若しくは一部を統合して指導計画を作成するに当たっては、個々の児童の実態に即して適切に工夫する。」（文部省、1979）と述べられている。前述した、「領域・教科を合わせた指導」の源流である。

❼ 知的障がい教育の歴史と社会モデル

　本章においては、知的障がい教育の歴史について、社会との関係という視点で検討してきた。
　「領域・教科を合わせた指導」は、現在の知的障がい教育でも主流となっているといえるが、大南（1999、p.241）は、知的障がいのある子どもたちの学習指導について、「主として集団活動の中で行われるとすれば、個人差の大きな学級の一人ひとりの児童生徒の能力に応じた教材を考えながら、しかも、全体を一つの集団として活動させるためには、特別な工夫が必要となってくる。『教科の内容を合わせ、領域の内容を統合する』とは、

まさにそのような要求にこたえるための方法なのである」と述べている。

知的障がい教育においては、「生活単元学習」や「遊びの指導」「作業学習」といった「領域・教科を合わせた指導」が学校の教育活動の中心となっていくのである。

1986年には、文部省『生活単元学習指導の手引』を刊行し、「生活単元学習の主題の設定」など、主要な視点を示した。

知的障がいに関連する用語であるが、その後、1990年に日本精神薄弱者福祉連盟が用語問題検討委員会を設置し、教育等で用いられている「精神薄弱」という用語は、1998年には症状名「精神遅滞」、障害区分「知的障害」へと変更になった。

森（2014、p.46）は、「知的障害教育では、従来より教科教育はあまり重視されず、教科別指導が行われる場合も、教科・領域をあわせて指導の補助的学習として位置づけられてきた。他方、『障害』の重度化に伴い、教科指導はしばしば個別学習やそれを前提とした少人数グループ指導と同義で捉えられ、認識の基礎となる感覚運動的な協応動作や弁別学習等が行われる場合も増えている。教科は、認識にかかわる基礎的な心理的・生物的機能、あるいは日常生活に必要な初歩的な知識・技能と捉えられ、その学習は本来的に個人を単位に展開するものと考えられている」と述べている。

社会モデルは、「社会との相互作用によって生じる障がい」と考えられている以上、「個別の視点から関係形成の視点」へのパラダイムの転換が必要であろう。

●引用・参考文献
伊藤隆二（1972）「精神薄弱児と社会」全日本特殊教育研究連盟編『現代精神薄弱児講座』5巻社会・福祉、日本文化科学社.
糸賀一雄（1965a）『この子らを世の光に』柏樹社、p.298.
糸賀一雄（1965b）『この子らを世の光に　近江学園二十年の願い』NHK出版

大南英明（1999）『知的障害教育のむかし　今　これから』ジアース教育新社、p.241.
近藤益雄（1975）『近藤益雄著作集1　子どもと生きる他』明治図書出版.
滋賀県webサイト(近江学園)
　http://www.pref.shiga.lg.jp/e/omigakuen/konokorawo.html
　(閲覧日：2016．5．3）．
清水寛（2009）「近藤益雄の知的障がい教育の思想とその今日的意義」近藤原理・
　清水寛編　城台巖写真（2009）『写真記録　この子らと生きて　近藤益雄と知的
　障がい児の生活教育』日本図書センター．
全日本特別支援教育研究連盟編（2002）『教育実践でつづる知的障害教育方法史』
　川島書店．
辻村泰男（1972）「教育と福祉」全日本特殊教育研究連盟編『現代精神薄弱児講座』
　5巻社会・福祉、日本文化科学社．
中村満紀男（2003）「障害児教育の本格的始動—市民革命・産業革命期の障害児教
　育」中村満紀男・荒川智編著（2003）『障害児教育の歴史』明石書店．
森博俊（2014）『知的障碍教育論序説』群青社．
文部省（1963）「養護学校小学部・中学部学習指導要領（精神薄弱編）」．
文部省（1971）「養護学校小学部・中学部学習指導要領（精神薄弱編）」．
文部省（1972）「養護学校高等部学習指導要領（精神薄弱編）」．
文部省（1978）『特殊教育百年史』．
文部省（1979）「盲学校、聾学校及び養護学校　小学部・中学部・高等部　学習指
　導要領」．
文部省（1986）『生活単元学習指導の手引』慶応義塾大学出版会．
渡邊健治（2014）コラム【近江学園】渡邊健治・宮﨑英憲監修『戦後日本の特別
　支援教育と世相』ジアース教育新社、p.21.

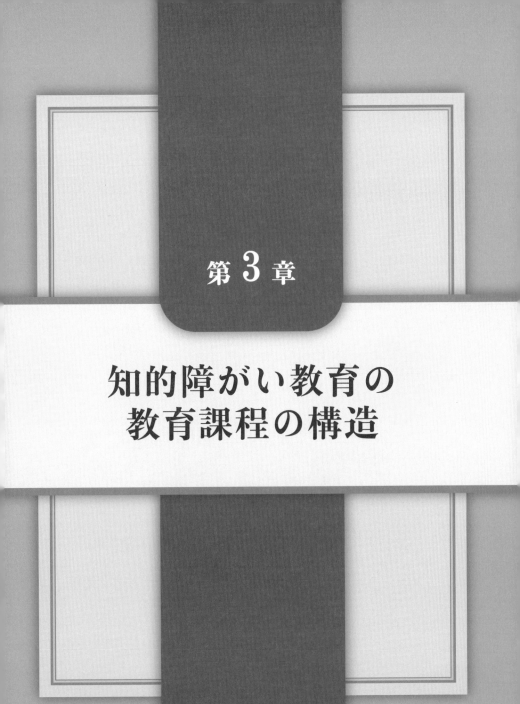

第3章

知的障がい教育の教育課程の構造

この章においては、現在の知的障がい教育の教育課程の構造について理解を深めることで、本書のテーマである知的障がい教育と社会モデルについて考える足場を得たい。

❶ 特別支援教育の理念

　2007年より特別支援教育が本格実施となった。
　「特別支援教育の推進について」（文部省、2007）では、「特別支援教育は、障害のある幼児児童生徒の自立や社会参加に向けた主体的な取組を支援するという視点に立ち、幼児児童生徒一人一人の教育的ニーズを把握し、その持てる力を高め、生活や学習上の困難を改善又は克服するため、適切な指導及び必要な支援を行うものである。また、特別支援教育は、これまでの特殊教育の対象の障害だけでなく、知的な遅れのない発達障害も含めて、特別な支援を必要とする幼児児童生徒が在籍する全ての学校において実施されるものである。」と示している。

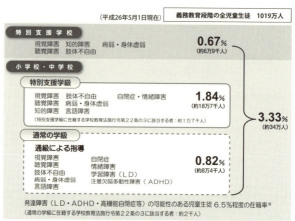

図3-1　特別支援教育の概念図

❷ 特別支援教育を行うための体制の整備及び必要な取組

　文部科学省（2007）によると、「特別支援教育を行うための体制の整備及び必要な取組」として、
☑「特別支援教育に関する校内委員会の設置」
☑「実態把握」
☑「特別支援教育コーディネーターの指名」
☑「関係機関との連携を図った『個別の教育支援計画』の策定と活用」
☑「『個別の指導計画』の作成」
☑「教員の専門性の向上」
があげられている。

　図3－2は、個別の支援計画の枠組みである。特に、学校教育関係で策定される計画を「個別の教育支援計画」といわれるが、知的障がいのある子どもたちにとっては、本人の将来の希望に沿った形で「自己選択」「自己決定」について、周囲の人々と協働していくことが求められるだろう。

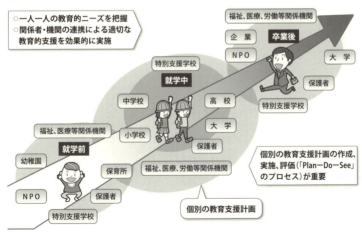

図3－2　個別の支援計画　〜生涯にわたる支援〜

表3−1は、個別の指導計画の作成例（仮想事例より筆者作成）である。個別の指導計画については、地域の実情に沿った形で、地方公共団体や学校によって様式が異なる場合が多い。

「一人一人の教育的ニーズ」を把握し、教育に携わる教員間で合議のうえ、目標設定を行い、実践、そして評価するといったPDCAサイクルで取り組まれている場合が多い。

表3−1　個別の指導計画（例）　　＊仮想事例より筆者作成

個別の教育支援計画 長期目標（1年間）	・担任の先生と一緒に学習に取り組める。

教科等	児童の実態	短期目標（4月〜7月）	評価
日常生活の指導	・入学当初、登校時に、カバンを置く場所が分かりにくかった。	・カバンの写真が貼ってある場所にカバンを置く。	
生活単元学習	・土に触れると、笑顔が出ることが多い。	・ひまわりの種を土に埋める。	
国語	・ママ、パパ、ガッコ、イク、ウンなどの発語がみられる。	・「ウン」という発語を用いて、意思決定を行う。	

本人確認	年　　月　　日
保護者確認・サイン	年　　月　　日
担当教員確認・サイン	年　　月　　日

学校教育法第74条においては、「特別支援学校においては、第72条に規定する目的を実現するための教育を行うほか、幼稚園、小学校、中学校、義務教育学校、高等学校又は中等教育学校の要請に応じて、第81条第1項に規定する幼児、児童又は生徒の教育に関し必要な助言又は援助を行うよう努めるものとする。」と特別支援学校の「センター的機能」が示されている。

その具体的な内容としては、
☑ 小・中学校等の教員への支援機能
☑ 特別支援教育等に関する相談・情報提供機能
☑ 障害のある幼児児童生徒への指導・支援機能
☑ 福祉、医療、労働などの関係機関等との連絡・調整機能
☑ 小・中学校等の教員に対する研修協力機能
☑ 障害のある幼児児童生徒への施設設備等の提供機能
などがあげられている。(文部科学省、2015)

❸ 特別支援学校(知的障がい)の教育課程

(1)教育課程とは

教育課程に関する法令等(例:教育基本法、学校教育法、学校教育法施行規則、特別支援学校学習指導要領　幼稚部・小学部・中学部・高等部)に沿って、各教科(各教科及び科目)、道徳、特別活動、自立活動、総合的な学習などについて、それらの目標やねらいが実現できるように、教育の内容を学年等に応じて、授業時数等との関連において組織した、各学校における教育計画を示す。

全国的に、どこでも同じように教育を受けることができるように、一定の教育水準を保つことが求められているものである。

特別支援学校（知的障がい）においても、教育の目的や目標を達成するために学校において教育課程が組織・編成されているが、定められた基準に従って、在籍する児童生徒の障がいの程度や発達の状況や特性、地域、学校の実情を勘案している。小学部では、生活習慣や日常生活に必要な事項や基礎的な言語、数量の学習など、中学部では、円滑な対人関係、職業生活についての基礎的事項の学習など、高等部では、家庭生活、職業生活、社会生活に必要な知識、技能、態度などの学習などが行われている場合が多いといえるが、児童生徒の一人一人の障がいの程度や発達の状況や特性、地域、学校の実情によって、異なるといえる。

(2)知的障がいのある子どもたちの特性を踏まえた教育的対応

文部科学省（2009）「特別支援学校学習指導要領解説総則編」（幼稚部・小学部・中学部）では、知的障がいのある子どもたちの特性を踏まえ、以下のような対応が必要であるとしている。

表3－2　知的障がいのある子どもたちの特性を踏まえた対応

① 「児童生徒の実態等に即した指導内容を選択・組織する。」
② 「児童生徒が、自ら見通しをもって行動できるよう、日課や学習環境などを分かりやすくし、規則的でまとまりのある学校生活が送れるようにする。」
③ 「望ましい社会参加を目指し、日常生活や社会生活に必要な技能や習慣が身に付くよう指導する。」
④ 「職業教育を重視し、将来の職業生活に必要な基礎的知識や技能及び態度が育つよう指導する。」
⑤ 「生活に結び付いた具体的な活動を学習活動の中心に据え、実際的な状況下で指導する。」
⑥ 「生活の課題に沿った多様な生活経験を通して、日々の生活の質が高まるよう指導する。」
⑦ 「児童生徒の興味・関心や得意な面を考慮し、教材・教具等を工夫するとともに、目的が達成しやすいように、段階的な指導を行うなどして、児童生徒の学習活動の意欲が育つよう指導する。」
⑧ 「できる限り児童生徒の成功体験を豊富にするとともに、自発的・自主的な活動を大切にし、主体的活動を促すよう指導する。」
⑨ 「児童生徒一人一人が集団において役割が得られるよう工夫し、その活動を遂行できるよう指導する。」
⑩ 「児童生徒の一人一人の発達の不均等な面や情緒の不安定さなどの課題に応じて指導を徹底する。」

出典：文部科学省（2009）「特別支援学校学習指導要領解説総則編」

上記の「教育的対応」については、基本的には、「日常生活」「社会生活」「職業教育」の重視を前提として、児童生徒一人一人の特性に留意した教育内容の検討が求められているが、教員によって、設定される学習環境や教材によって、子どもたちの学習意欲や生活の質の変化もありうることが考えられる。

つまり、教員との相互作用、学習環境、社会的要因によって、知的障がいとしての困難度も変化することが予想されるということである。

(3)特別支援学校（知的障がい）の教科

特別支援学校（知的障がい）の各教科については、「学校教育法施行規則」「特別支援学校小学部・中学部学習指導要領」「特別支援学校高等部学習指導要領」で規定されている。

小学部では、生活、国語、算数、音楽、図画工作、体育の6教科であり、第1学年から第6学年を通して履修することとなっている。

中学部では、国語、社会、数学、理科、音楽、美術、保健体育、職業・家庭は、すべての生徒が履修することとなっている。

道徳、総合的な学習の時間、特別活動並びに自立活動は、特に示す場合を除き、すべての生徒が履修する。外国語は、学校や生徒の実態を考慮し、必要に応じて設けることができる。また、その他、特に必要な教科を選択教科として設けることができ、名称・目標・内容は、各学校が適切に定めることとなっている。

高等部においては、「各学科に共通する各科目」「主に専門学科において開設される各科目」「学校設定科目」で構成される。

「各学科に共通する各科目」では、国語、社会、数学、理科、音楽、美術、保健体育、職業及び家庭の各教科は、すべての生徒が履修することとなっている。特別活動及び自立活動については、特に示す場合を除いて、すべての生徒が履修し、外国語及び情報の各教科は、学校や生徒の実態を

考慮し、必要に応じて設けることができるようになっている。

「主に専門学科において開設される各科目」では、家政、農業、工業、流通・サービス若しくは福祉の5教科で構成され、いずれか1教科以上を履修することとなっている。

「学校設定科目」においては、地域、学校及び知的障がいのある生徒の実態、学科の特色等に応じ、学習指導要領に示されている教科以外を各特別支援学校が柔軟に設けることができるものであるが、高等部での教育の目標や水準への配慮が求められている。

(4) 特別支援学校（知的障がい）の教育課程の特徴

第2章でも概観してきたように、知的障がい教育の教育課程で、特徴的な内容がある。学校教育法施行規則第130条の「特別支援学校の小学部、中学部又は高等部においては、特に必要がある場合は、第126条から第128条までに規定する各教科（次項において「各教科」という。）又は別表第三及び別表第五に定める各教科に属する科目の全部又は一部について、合わせて授業を行うことができる。」「2　特別支援学校の小学部、中学部又は高等部においては、知的障害者である児童若しくは生徒又は複数の種類の障害を併せ有する児童若しくは生徒を教育する場合において特に必要があるときは、各教科、道徳、外国語活動、特別活動及び自立活動の全部又は一部について、合わせて授業を行うことができる。」という、いわゆる「領域・教科を合わせた指導」の存在である。

したがって、知的障がい教育の教育課程では、「教科別の指導」「領域別の指導」「領域・教科を合わせた指導」が行われることになる。

第3章　知的障がい教育の教育課程の構造

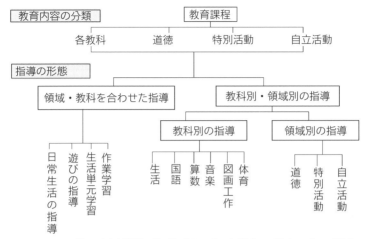

図3-3　特別支援学校（知的障がい）小学部の教育課程の構造

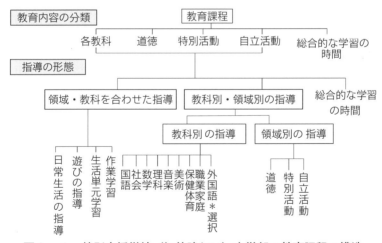

図3-4　特別支援学校（知的障がい）中学部の教育課程の構造

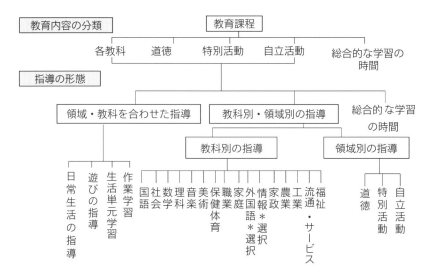

図3-5 特別支援学校(知的障がい)高等部の教育課程の構造

(5)特別支援学校(知的障がい)の各教科における段階による内容表現

 「特別支援学校学習指導要領(小学部・中学部)」「特別支援学校学習指導要領(高等部)」においては、各教科については、内容が目標と共に、各学部において、段階別に示されている。これは、知的障がいのある子どもたち一人一人の障害の状態や特性等を考慮しているからである。

 小学部1段階では、「主として、障害の程度が比較的重く、他人との意思の疎通に困難があり、日常生活を営むのにほぼ常時援助を必要とするものを対象とした内容であり、教師の直接的援助を受けながら、児童が体験したり、基本的な行動の一つ一つを着実に身につけることをねらい」とする内容である。

 小学部2段階では、「1段階ほどではないが、他人との意思の疎通に困難があり、日常生活を営むのに頻繁に援助を必要とするものを対象とした内容であり、教師からのことばかけによる援助を受けながら、教師が示した動作や動きを模倣したりすることで、基本的な行動を身につけることを

ねらい」とする内容である。

　小学部3段階では、「障害の程度が比較的軽く、他人との意思疎通や日常生活を営む際に困難さがみられるが、2段階の程度までは達せず、適宜援助を必要とするものを対象とした内容であり、主として児童が主体的に活動に取り組み、社会生活につながる行動を身につけることをねらいとする内容」である。

　中学部では、「小学校3段階の内容の程度を踏まえ、生活年齢に応じながら、主として経験の積み重ねを重視するとともに、他人との意思疎通や日常生活への適応に困難が大きい生徒にも配慮しつつ、生徒の社会生活や将来の職業生活の基礎を育てることをねらいとする内容」となっている。

　高等部1段階では、「中学部の内容やそれまでの経験を踏まえ、主として卒業後の家庭生活、社会生活及び職業生活などを考慮した基礎的な内容」であり、高等部2段階では、「高等部1段階を踏まえ、比較的障害の程度が軽度である生徒を対象として、発展的な学習内容」となっている。

　これらの段階による学習内容の選定は、「他人との意思の疎通」に依拠している部分が多く、学習環境や教員との関係性で学習内容が変動する可能性があるといえる。学校教育で学んだ内容がその後の、本人の社会生活に与える影響が大きいことも留意が必要だろう。

(6)自立活動

　自立活動とは、第2章でも概観してきた「養護・訓練」という名称が「受身的なイメージで受け止められることがある」（文部科学省、2009、p.18）ということから、児童・生徒の主体性を尊重した名称に変更になったものである。

　「特別支援学校小学部・中学部学習指導要領」では、第7章の「自立活動」の「目標」の部分で、「個々の児童又は生徒が自立を目指し、障害に

よる学習上又は生活上の困難を主体的に改善・克服するために必要な知識、技能、態度及び習慣を養い、もって心身の調和的発達の基礎を培う。」「特別支援学校高等部学習指導要領」においても、第6章の「自立活動」の「目標」部分で、「個々の生徒が自立を目指し、障害による学習上又は生活上の困難を主体的に改善・克服するために必要な知識、技能、態度及び習慣を養い、もって心身の調和的発達の基礎を培う。」と示されている。

「特別支援学校学習指導要領」においては、「自立」とは、「幼児・児童・生徒がそれぞれの障害の状態や発達の段階等に応じて、主体的に自己の力を可能な限り発揮し、よりよく生きていこうとすること」を意味しているといわれ、「調和的発達の基盤を培う」とは「一人一人の幼児・児童・生徒の発達の遅れや不均衡を改善したり、発達の進んでいる側面を更に伸ばすことによって遅れている側面の発達を促すようにしたりして、全人的な発達を促進することを意味している。」

ここでは、「特別支援学校学習指導要領解説自立活動編」（pp.24-77）から自立活動の内容と知的障がいのある子どもたちの指導実践事例について取り上げ、確認をしていきたい。

①健康の保持
　「健康の保持」には、以下の内容があげられている。

「(1)生活のリズムや生活習慣の形成に関すること。
　(2)病気の状態の理解や生活管理に関すること。
　(3)身体各部の状態の理解と養護に関すること。
　(4)健康状態の維持・改善に関すること。」（文部科学省、2009）

知的障がいのある児童・生徒の場合、運動量が少なくなると肥満や体力低下もみられるため、学習活動に、適切な運動を取り入れたり、食生活と

健康に関する学習、日常生活における自己の健康管理のための学習機会の設定が推奨されている。
　例えば、筆者の知る例であるが、知的障がい特別支援学校での「朝の会」のあとに、クラスでランニングに行くことや、クラスの「おわりの会」でダンスを行うこと、また、授業で食事のことを取り上げるのも学習内容例であろう。

②心理的な安定
　「心理的な安定」には、以下の内容があげられている。

「(1)情緒の安定に関すること。
　(2)状況の理解と変化への対応に関すること。
　(3)障害による学習上又は生活上の困難を改善・克服する意欲に関すること。」
　（文部科学省、2009）

　例えば、特別支援学校（知的障がい）に在籍する自閉症のある児童の場合、急な予定の変更などに対応することができず，不安になる場合がある。筆者の知る事例であるが、予定表をホワイトボードで示すことや、終了した学習内容の項目のピクチャーカードを外していくことも一つの方法となっている。

③人間関係の形成
　「人間関係の形成」には、以下の内容があげられている。

「(1)他者とのかかわりの基礎に関すること
　(2)他者の意図や感情の理解に関すること
　(3)自己の理解と行動の調整に関すること。
　(4)集団への参加の基礎に関すること。」（文部科学省、2009）

例えば、筆者の知る知的障がいのある生徒の例であるが、若干、発音が不明瞭であったため、活動参加をためらっていたが、食事のオーダーシートを用いて、オーダーをとる仕事の役割を担ったところ、自主的に他の人と関わる場面も増加してきた。

④環境の把握
　「環境の把握」には、以下の内容があげられている。

「(1)保有する感覚の活用に関すること。
　(2)感覚や認知の特性への対応に関すること。
　(3)感覚の補助及び代行手段の活用に関すること。
　(4)感覚を総合的に活用した周囲の状況の把握に関すること。
　(5)認知や行動の手掛かりとなる概念の形成に関すること。」（文部科学省、2009）

　例えば、筆者の知る知的障がいのある生徒の例であるが、口頭で伝達された未来のスケジュールを記憶することが困難であった。そこで、1つのスケジュールにつき1枚のカードを用いて示したところ、複数のスケジュールでもそのカードを保管し、必要に応じて参照することで、未来のスケジュールの把握ができていた。

⑤身体の動き
　「身体の動き」には、以下の内容があげられている。

「(1)姿勢と運動・動作の基本的技能に関すること。
　(2)姿勢保持と運動・動作の補助的手段の活用に関すること。
　(3)日常生活に必要な基本動作に関すること。
　(4)身体の移動能力に関すること。
　(5)作業に必要な動作と円滑な遂行に関すること。」（文部科学省、2009）

　例えば、筆者の知る知的障がいのある児童の例であるが、授業中の一定

時間の姿勢保持に困難な様子が見受けられた。そこで、椅子の座面に身体の形状に沿ったクッションを設置したところ、姿勢の崩れも少なくなり、授業中での一定時間の姿勢保持が可能となった。

⑥コミュニケーション

　「コミュニケーション」には、以下の内容があげられている。

「(1)コミュニケーションの基礎的能力に関すること。
　(2)言語の受容と表出に関すること。
　(3)言語の形成と活用に関すること。
　(4)コミュニケーション手段の選択と活用に関すること。
　(5)状況に応じたコミュニケーションに関すること。」（文部科学省、2009）

　例えば、筆者の知る知的障がいのある幼児の例であるが、トイレに関する意思表示がうまくいかない場合があった。トイレに行きたい場合に、おなかを軽くたたくように身振りも交えて伝えたところ、余暇活動等に赴いた際にも、おなかをたたいてトイレに行きたいことを伝えていた。

　自立活動の内容は、個々の幼児児童生徒に必要な項目を選定し、相互に関連付けて指導されることになっており、具体的な指導内容を設定する際に項目相互の関連性が考慮されることになる。
　ここまで、自立活動と関連する筆者による実際の事例についても紹介してきたが、「個々の生徒が自立を目指し、障害による学習上又は生活上の困難を主体的に改善・克服するために必要な知識、技能」である自立活動は、それぞれの児童生徒の「知識」「技能」として、保有する場合もあるが、教員や支援者との協働、すなわち相互作用によって、得られる側面もあるではないかという筆者の私見を示したい。

(7)遊びの指導

　ここまでは、「自立活動」について述べてきたが、以降では、「領域・教科を合わせた指導」についてみていきたい。
　まず、「遊びの指導」を取り上げる。
　特別支援学校学習指導要領総則等編によると「遊びの指導」は、次のように述べられている。

「遊びの指導は、遊びを学習活動の中心に据えて取り組み、身体運動を活発にし、仲間とのかかわりを促し、意欲的な活動をはぐくみ、心身の発達を促していくものである。」(文部科学省、2009)

　「遊びの指導」における留意点では以下の点があげられている（文部科学省、2009）。

「(ｱ)児童が、積極的に遊ぼうとする環境を設定すること。
　(ｲ)教師と児童、児童同士のかかわりを促すことができるよう、場の設定、教師の対応、遊具等を工夫すること。
　(ｳ)身体活動が活発に展開できる遊びを多く取り入れるようにすること。
　(ｴ)遊びをできる限り制限することなく、児童の健康面や衛生面に配慮しつつ、安全に選べる場や遊具を設定すること。
　(ｵ)自ら遊びに取り組むことが難しい児童には、遊びを促したり、遊びに誘ったりして、いろいろな遊びが経験できるよう配慮して、遊びの楽しさを味わえるようにしていくこと。」

　学習指導要領総則等編には、上記の留意点が述べられているが、筆者の実践で得られた知見では、以下の内容ものがあげられる。

☑大人から教え込むのではなく、子どもの好みに合わせる。寄り添った形が望ましい。

☑一般的なルールがあるものでも、子どもが考えついたルールを尊重する。
☑一緒に楽しむことが大切。できれば、周囲の人々も巻き込めるものがよい。
☑一度にたくさんのことを伝えずに、できることを少しずつ行う。
☑生活年齢にあった遊びを考える。
☑一緒に遊んでいる中で、子どもの気づきや発見が生まれることがある。

　例えば、Brown（1978）は、認知に関する知識や自己の能力をモニタリングする知識として「メタ認知」を示唆しているが、知的障がいのある子どもたちも独自の方略をもっている場合もあるので、遊びを通してそのような力を養うことも大事ではないかということである。

　初対面やまだ関係が十分できていない児童・生徒の場合には、以下の留意点が考えられる。
☑授業者の存在に気づく必要がある。
☑授業者のかかわりが、児童・生徒にとって負担にならないようにする必要がある。
☑よく観察を行い、最初は、児童・生徒の好みに沿って授業者が一緒にできる部分を模索する。
☑児童・生徒からの発信が得られるように待つ姿勢も大切である。

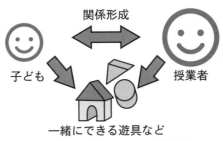

図3-6　遊びによる関係形成

また、知的障がい（自閉症）のある子どもたちが好んで行っている遊びには、筆者によるこれまでの実践事例によると**表3－3**のものが事例の一つとして、あげられよう。自分の世界を表現したり、自分の好きな感覚が繰り返し得られるものが多い傾向がある。

　知的障がい特別支援学校には、自閉症の子どもたちも在籍している場合も多いため、どのように「子どもたち同士のかかわりを促していくかは、重要な視点であろう。

表3－3　知的障がい（自閉症）のある子どもたちが好んで行っている遊びの例

☑ プラレール（自分の世界を表現）
☑ 積み木やカプラ（機能的）
☑ ブロック（構造的）
☑ ダンボール遊び（感覚）
☑ コンピューターでのゲーム（機能的）
☑ 音楽に合わせて身体を動かす（反復性）
☑ 紙やペットボトルのフイルムを繰り返し破る（感覚）

　進藤・今野（2014）は、「遊びの指導に関する意識」に関する研究を行った。その結果、教師や保護者は、「遊び」及び「遊びの指導」の効果として、人との関わりに関する成長・発達を期待していると考えられることや、教師は、障害に起因する「遊び」の不足や困難を有する存在として児童を捉えていること、また、「遊びの指導」によってそれを補填しようとしている場合もあり、教育課程上の意味づけを行おうとしていると示唆している。

　この「遊びの指導」についても「社会モデル」や「文化に根差した教育」との関連が考えられる。つまり、本来「遊び」であるから、子どもたちが自由な発想でのびのびと活動できることが最も大切であって、制約の多い活動の中で遊ぶことが必ずしも子どもたちが楽しめるかというとそうではない可能性がある。一般的には、特別支援学校（知的障がい）においては、

一定の時間帯での取り組み事例もみられるが、学校教育の中での「遊びの指導」の意義と、その遊びをいかに地域での余暇活動や人間関係の広がりにつなげていくかが、今後の検討の課題となるだろう。

(8) 日常生活の指導

　次に、「領域・教科を合わせた指導」の一つである「日常生活の指導」についてみていきたい。

　特別支援学校学習指導要領総則等編によると「日常生活の指導」は、次のように述べられている。

「日常生活の指導は、児童生徒の日常生活が充実し、高まるように日常生活の諸活動を適切に指導するものである。」（文部科学省、2009）

　この活動は、基本的生活習慣（排泄、手洗い、食事、衣服の着脱、清掃など）や社会生活や集団生活で必要な項目（あいさつ、ルールなど）に関する指導といえる。主に、児童・生徒の日々の学校生活（登校、朝の会、給食、掃除、帰りの会、下校など）の中で指導が行われることが多く、毎日の繰り返しの中で覚え、定着していくケースが多いといえる。

　小学部以外でも、特別支援学校（知的障がい）では、週時程の中で帯状に設定されることが多い（図3－7）。その場合、「着替え」「朝の会」「給食」「清掃」「帰りの会」などの具体的な活動名で示されている場合もある。

	月	火	水	木	金
1	日常生活の指導（更衣・運動・朝の会）				
2	国語	算数	算数	国語	算数
3	図工	生活単元	音楽	図画工作	体育
4	生活単元		体育		生活単元
昼休み	給食				
5	国語	算数	音楽	生活	道徳
6	清掃				

図3-7　特別支援学校（知的障がい）の時間割例（筆者作成）

　筆者のこれまでの実践による知見によると、日常生活での指導においては、以下の点に留意する必要があると考えられる。
1）知的障がいのある子どもたちそれぞれの生活習慣
　日常生活や生活習慣等は、家庭それぞれによって異なる。
　衣服を脱ぐ場合でも、上着から脱ぐ子どもと、ズボンやスカートから脱ぐ子どもがいる。食事の際の食器の置き方やスプーンの使い方なども家庭によって異なる。課題分析を行う際には、教員が「一般的」と考える方法があろうが、十分に子どもの生活習慣も考慮する必要がある。
　あいさつや生活習慣においても、地域によって異なる。
　例えば、作業療法士等の専門家の知見を参照し、生活習慣を「矯正」することもあるが、地域の生活習慣やそれぞれの家庭の背景を考えることも必要ではないだろうか。まさに、「文化に根差した教育」であろう。

2）環境を整備する
　絵や写真、手順表、掲示物等を使って、係活動の分担表を作成すること

や、教室内でコーナーを設置するなど知的障がいのある子どもたちにとって、どの場面で何をするのか分かりやすい環境を整えることが重要である。また、一人の教員や支援者だけではなく、その子どもにかかわるすべての教員や支援者が情報を共有して、教員や支援者が変わっても、様々な教育活動の場面で「日常生活の指導」に取り組めることが重要であろう。

3）学級全体の場面での指導
　個々の子どもたちの取り組みとともに、学級全体での場面での指導で、状況の理解が促進される場合がある。例えば、「朝の会」で役割分担をするのも一つの考え方であろう。

　この「日常生活の指導」についても「社会モデル」や「文化に根差した教育」との関連が考えられる。つまり、習慣や生活習慣は、地域の文化や家庭環境に依拠する部分が大きいためである。教員や支援者、専門家が子どもたちの「日常生活」の習慣を改善しようと考える場合は、家庭や子どもたち自身との協働が不可欠である。

(9)**生活単元学習**
　次に、「領域・教科を合わせた指導」の一つである「生活単元学習」について検討していきたい。
　第2章において、知的障がい教育の歴史を概観したが、「生活単元学習」は、「生活主義教育」にもとづくもので、知的障がい教育の分野で独自に、はぐくまれてきたものであろう。

　特別支援学校学習指導要領総則等編によると「生活単元学習」は、次のように述べられている。

「生活単元学習は、児童生徒が生活上の目標を達成したり、課題を解決したりするために、一連の活動を組織的に経験することによって、自立的な生活に必要な事柄を実際的・総合的に学習するものである。」(文部科学省、2009)

そのため、特別支援学校学習指導要領総則等編によると生活単元学習の指導計画では、以下の内容に留意することが重要であるとされる（文部科学省、2009）。

「(ア)単元は、実際の生活から発展し、児童生徒の知的障害の状態等や興味・関心などに応じたものであり、個人差の大きい集団にも適合するものであること。
(イ)単元は、必要な知識・技能の獲得とともに、生活上の望ましい習慣・態度の形成を図るものであり、身に付けた内容が生活に生かされるものであること
(ウ)単元は、児童生徒が目標をもち、見通しをもって、単元の活動に積極的に取り組むものであり、目標意識や課題意識を育てる活動をも含んだものであること。
(エ)単元は、一人一人の児童生徒が力を発揮し、主体的に取り組むとともに、集団全体で単元の活動に共同して取り組めるものであること。
(オ)単元は、各単元における児童生徒の目標あるいは課題の成就に必要かつ十分な活動で組織され、その一連の単元の活動は、児童生徒の自然な生活としてのまとまりのあるものであること。
(カ)単元は、豊かな内容を含む活動で組織され、児童生徒がいろいろな単元を通して、多種多様な経験ができるよう計画されていること。」(文部科学省、2009)。

表3－4は、生活単元学習のテーマと単元の事例であるが、学校行事や季節と密接な関係があるといえる。つまり、知的障がい教育の中で、「文化に根差した教育」に最も関連が深い内容であると考えられる。例えば、ハロウィーンでは、ハロウィーンを用いたダンス、買い物体験、クッキング、ゲーム、制作活動が、その時期になると学部クラス単位で展開される事例もあった。表3－5は、生活単元学習のテーマと年間のスケジュール例である。生活単元学習といった学習活動は、集団で行われる場合が多く、年間指導計画の策定が行われ、教員間で内容の協議を行うことが多いといえる。

表3-4　生活単元学習のテーマ、単元の例

テーマの例	単元の例
季　節	お正月あそび、夏休みに向けて、秋見つけ、ハロウィーン
学校行事	新入生を迎える会、もうすぐ修学旅行、卒業式に向けて
日常生活	ゆうびんについて知ろう、電車にのってでかけよう
表現や発表	みんなでペープサートをしよう、演奏会に向けて
生産活動	さつまいもを育てて食べよう、さおりをつくって販売しよう
制作活動	つくってあそぼう、作品展に向けて、
学校生活	転校する友達の思い出アルバムを作ろう

表3-5　生活単元学習のテーマと年間のスケジュール例

	季節	制作活動	学校行事	表現や発表
4月	お花見		入学式	
5月		こいのぼりづくり		
6月				コンサートに↑
7月			みんなで↑	向けて↓
8月			プール↓	
9月		陶芸に↑	運動会↑	おおかみと↑
10月	あきを↑	チャレンジ↓	に向けて↓	7ひきの子犬
11月	みつけよう↓			
12月	クリスマス			
1月	お正月あそび	おもいでの↑		
2月	節分あそび	アルバム		
3月		づくり↓	卒業式	

表3－6は、筆者が実際に体験した校内の「ゆうびんきょく開設」の事例である。6時間をかけて取り組みが行われたが、「手紙やはがきの概念」から、「手紙、はがきの制作」「手紙、はがきが届くまでの学習」「実際の郵便局本局の見学」「消印づくり」「校内郵便局」の開設など一連の流れで行われた。

　表3－7は、「手紙、はがきの制作」の際の個々の目標設定と学習の際の子どもたちの様子である。集団の中にも「個の目標設定」がなされていることが理解できる。

　この単元では、テーマ曲も作曲され、子どもたちが役割をもった形で主役になり、校内のメッセージの集配など教員や子どもたちが共に、楽しみながら活動する様子が見られた。

表3－6　「ゆうびんきょく開設」

時　限	内　容
1	手紙やはがきについて知る。
2	手紙やはがきを書いてみる。
3	手紙やはがきをポストに出しに行く。
4	郵便局を見学し、感想を述べ合う。
5	校内郵便局開設に向けて役割分担する。 切手や消印の制作。
6	校内郵便局を開設する。

表3-7 「手紙やはがきを書いてみる」活動の際の児童の目標と様子

児童名	目標	授業時の様子（記述）
Aさん	手紙かはがきかを自分で選び、ことばで担当の教師に伝える。	手紙かはがきかを選択するときは、手差しで伝えていた。
Bさん	手紙とはがきを教師が提示すると、提示された方向へ視線を向ける。	手紙とはがきを教師が提示すると、提示された方向へ視線を向けていた。
Cさん	手紙とはがきをクラスの各児童に配布することができる。	教師がことばをかけると、手紙とはがきをクラスの各児童のテーブルの前に配布することができた。
Dさん	手紙かはがきかをVOCA（音声出力コミュニケーション装置）2分割を用いて選ぶことができる。	VOCA（音声出力コミュニケーション装置）2分割に配布された手紙とはがきの実物写真を入れた。スイッチを押し、音声を流すことができた。

図3-8、図3-9は、生活単元学習の時間割上の設定の事例である。図のように、毎日の中で、一定の時間帯に帯状の時間帯で取り組む場合と、2時間連続に取り組む場合など、学校によって設定が異なる。知的障がいのある子どもたちの見通しが立ちやすくなるといわれている。

	月	火	水	木	金
1	日常生活の指導（更衣・運動・朝の会）				
2	学活	算数	国語	国語	算数
3	図工	生活単元	音楽	生活単元	体育
4	生活単元	生活単元	体育	生活単元	道徳
昼休み	給食				
5	生活単元	音楽	生活単元	生活単元	図工
6	日常生活の指導（清掃・おわりの会・下校）				

図3-8 生活単元学習の時間割上の設定（2時間連続）

	月	火	水	木	金
1	日常生活の指導（更衣・運動・朝の会）				
2	学活	算数	国語	国語	算数
3	図工	道徳	音楽	体育	体育
4	生活単元				
昼休み	給食				
5	図工	音楽	体育	国語	図工
6	日常生活の指導（清掃・おわりの会・下校）				

図3－9　生活単元学習の時間割上の設定（帯時間）

　生活単元学習は、知的障がいのある子どもたちが生き生きと活躍でき、豊かな体験ができる可能性がある学習である。

　また、文化に根差した教育とも密接な活動があるだろう。

　例えば、鳥取大学附属特別支援学校においては、2014年度に「豊かな文化との出会いを」を目的に、生活単元学習で、「レッツ鳥取じまん～因州和紙の巻～」という実践を行っている（鳥取大学附属特別支援学校、2015）。

　第2章においても概観してきたが、生活単元学習は、長きにわたって検討されてきた経緯がある。今後も研究の蓄積が望まれるだろう。

(10)作業学習

　ここでは、「領域・教科を合わせた指導」の一つである「作業学習」について検討していきたい。

　特別支援学校学習指導要領総則等編によると「生活単元学習」は、次のように述べられている。

「作業学習は、作業活動を学習活動の中心にしながら、児童生徒の働く意欲を培い、将来の職業生活や社会自立に必要な事柄を総合的に学習するものである。」

（文部科学省、2009）

1）作業学習と地域性

　広島県教育委員会（2011、p.4）によると、作業学習には、「地域性に立脚した特色をもつとともに、原料・材料が入手しやすく、永続性のある作業種目を選定すること」「作業内容や作業場所が安全で衛生的、健康的であり、作業量や作業の形態、実習期間などに適切な配慮がなされていること」「作業製品等の利用価値が高く、生産から消費への流れが確認しやすいもの」という条件が含まれている。

　例えば、筆者の知る事例では、地域の豊かな森林資源を用いた木工製品の制作や、箸づくり、花の栽培など地域と密着した作業学習の実践がある。このような実践の場合、「地元のブランド製品」として販路を拡大することも可能であろう。

　また、カップケーキなどのスイーツづくりの事例では、行列ができるほどの人気であった。作業学習もまた、まさに、「文化に根ざした教育」の一翼となりうるであろう。

2）作業学習の内容と活動例

　図3－10は、作業学習の一連の流れであるが、例えば、「木工班」「園芸班」といった形で、班別にフローチャートに沿って、学習が行われる場合が多いといえる。表3－8は、活動の例である。木工、手工芸、園芸などがあげられる。

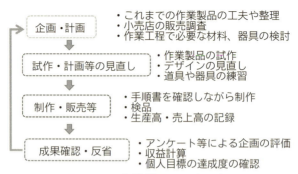

図3-10 作業学習の一連の流れ
出典:広島県教育委員会(2011)『特別支援教育 作業学習ハンドブック』より筆者作成

表3-8 作業学習の活動例

分類	内容例(一部)
木工	家具の制作等
農園芸	しいたけ栽培、花苗づくり等
手工芸	紙すき、さおり、ポーチ、染色等
陶芸	食器類、インテリア用品の制作等
食品加工	クッキー、カップケーキの加工
清掃	清掃校内の清掃、地域の公共施設の清掃
喫茶活動	注文をとる、お茶を入れる、金銭授受

3)作業学習と就労

　全国特別支援学校知的障害教育校長会(2010、p.101)によると、作業学習では、「就労に直結した能力を育成するのか」「就労に直結した能力ではないが、作業学習を通して基礎的能力(指示理解、態度等)を育成して、多様な職種に対応するのか」について、特別支援学校内で方針を検討する必要があることが示唆されている。知的障がいのある子どもたちの場合、

言語理解や概念形成の状況で、作業に取り組みにくい場合や手指の巧緻性や運動動作に起因する困難なども生じてくるだろう。知的障がいのある子どもたちの作業学習や就労を考える上で、これらの困難に対して、どのように環境設定を行うかなど、地域の理解や協働が必要不可欠となってくるだろう。学校教育内の知的障がい教育に留まらず、今後は、コミュニティとして知的障がいのある子どもたちがどのように合理的配慮を受けながら就労が可能となっていくかについて検討する必要もあるだろう。

(11) キャリア教育
1）キャリア教育の概念

今日の社会の変化に伴って、文部科学省（2016）は、「今、子どもたちには、将来、社会的・職業的に自立し、社会の中で自分の役割を果たしながら、自分らしい生き方を実現するための力が求められています。この視点に立って日々の教育活動を展開することこそが、キャリア教育の実践の姿です。」と述べている。

文部科学省（2006）「小学校・中学校・高等学校　キャリア教育推進の手引　－児童生徒一人一人の勤労観、職業観を育てるために－」では、キャリア教育を

「『キャリア概念』に基づいて、『児童生徒一人一人のキャリア発達を支援し、それぞれにふさわしいキャリアを形成していくために必要な意欲・態度や能力を育てる教育』。端的には、『児童生徒一人一人の勤労観、職業観を育てる教育』」（文部科学省、2006）
と定義している。

また、「キャリア」とは

「個々人が生涯にわたって遂行する様々な立場や役割の連鎖及びその過程における自己と働くこととの関係付けや価値付けの累積」（文部科学省、2006）

「キャリア発達」とは

「発達とは生涯にわたる変化の過程であり、人が環境に適応する能力を獲得していく過程である。その中で、キャリア発達とは、自己の知的、身体的、情緒的、社会的な特徴を一人一人の生き方として統合していく過程である。」（文部科学省、2006）

と定義している。

2）特別支援教育におけるキャリア教育

全国特別支援学校知的障害教育校長会（2010、p.21）が特別支援教育（知的障害教育）におけるキャリア教育充実の方策として、以下の内容をあげている。

- ☑各発達段階に応じた「能力・態度」の育成を軸とした 学習プログラムの開発
- ☑各学校における教育課程への適切な位置づけと 指導の工夫・改善
- ☑体験活動等の活用（職業体験、インターンシップ等）
- ☑社会や経済の仕組みについての現実的理解、労働者としての権利・義務等の知識の習得
- ☑多様で幅広い他者との人間関係
- ☑特別支援学校における小・中・高等部の独自性（重点）と学部間の系統性を明確にした教育課程の改善
- ☑個別の指導計画、個別の指導計画の充実
- ☑中学校特別支援学級と特別支援学校高等部の接続の改善
- ☑小学校、中学校における交流及び共同学習の充実
- ☑福祉、労働等の関係機関と連携した就労支援の充実

また、全国特別支援学校知的障害教育校長会（2010、p.39）は、各学部段階のキャリア発達を次のように述べている。

小学校段階
「発達としては未分化な側面を有するが、職業及び家庭・地域生活に関する基礎的スキルの習得と意欲を育て、後の柔軟性に必要な統合スキルの始まりの時期である。キャリア発達の視点からは、学校及び生活に関連する諸活動のすべてにおいて、遊びから目的が明確な活動へ、扱われる素材が身近なものから地域にある素材へ、援助を受けながらの活動から主体的・自立的活動へと発展しながら全人的発達をとげる時期であり、働くことに対する夢や期待を育てる時期である。」

中学部段階
「小学校段階で積み上げてきた基礎的なスキルを、職場（働くこと）や生活の場において、変化に対応する力として般化できるようにしていく時期である。キャリア発達の視点からは、職業生活に必要な自己及び他者理解（自らのよさや仲間のよさ）を深め、実際的な職業体験を通して自らの適性に気づき、やりがいや充実感の体感を通して、職業の意義、価値を知ることを学ぶ。また、自己の判断による進路選択を経験する時期でもある。」

高等部段階
「中学部段階で培ってきた統合スキルを土台に、実際に企業等で働くことを前提とした継続的な職業体験を通して、職業関連知識・技術を得るとともに、職業性選択及び移行準備の時期である。キャリア発達の視点からは、自らの適性の理解ややりがいなどに基づいた意思決定、働くことの知識・技術の獲得と必要な態度の形成、必要な支援を適切に求め、指示・助言を理解し実行する力、職業生活に必要な習慣形成、経済生活に必要な知識と余暇の活用等を図る時期である。」

特別支援教育におけるキャリア教育の範囲は、図3－11のように示されており、教科、領域において横断的に取り組んでいく必要があろう。

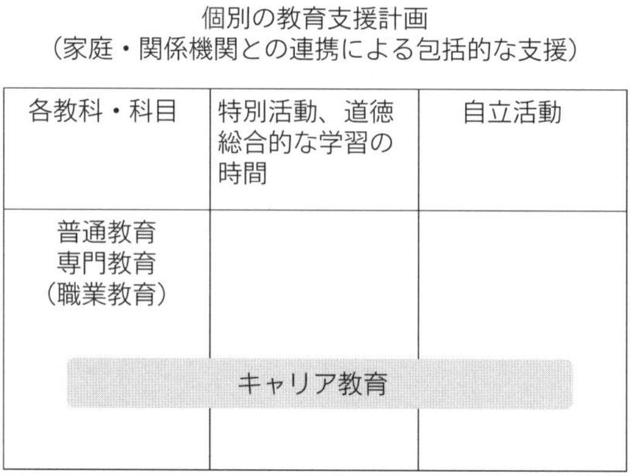

個別の教育支援計画
(家庭・関係機関との連携による包括的な支援)

各教科・科目	特別活動、道徳 総合的な学習の 時間	自立活動
普通教育 専門教育 (職業教育)		
キャリア教育		

図3-11　特別支援教育におけるキャリア教育の範囲
全国特別支援学校知的障害教育校長会編著 (2010、p.20) より筆者作成

④ 知的障がい教育と社会モデルとの関係について

　本章においては、現在行われている特別支援教育の体制と共に、知的障がい教育の教育課程や学習内容に触れ、社会モデルとどのような関係があるのか述べてきた。

　まず、自立活動においては、知的障がいのある子どもたちの障害や学習や生活上の困難を克服する目的で実践が行われているのであるが、学校での教員との信頼関係や環境設定により、その困難の度合いは変動するのではないかと考えられた。例えば、子どもたちにマッチした教具や環境設定をとれば、学習や生活上の困難も軽減される。このような環境調整は、子どもたち自身だけが自立を目指して努力するではなく、教員や家族、地域の人々と協働して行われるべきではないかということである。また、これまで、戦後の知的障がい教育で重視されてきた「生活主義にもとづく教育」は、現在も「領域・教科を合わせた指導」として存在している。地域の文化に根差した作業学習や、子どもたちが主体となって取り組む生活単元学

習など、知的障がいのある子どもたちの豊かな文化を育む教育活動が多く存在する。

　教育課程上は、「領域・教科を合わせた指導」は、通常学校の教科指導の下支えとなる学習形態と学校教員には、認識されているかもしれない。しかし、「領域・教科を合わせた指導」は、知的障がいのある人々の独自の文化を生み出す可能性を秘めた指導方法だと筆者は感じている。知的障がい教育に携わる関係者がこのような理解に至るには、障がいのある人や子どもたちとの共生や協働を志す教員養成が不可欠なのであろう。

● 引用・参考文献

Brown,A.（1978）. Knowing when, where,and how to remember： A problem of metacognition.In L.B.Resnick（Ed.）,Advances in *Instructional Psychology*,Vol.1,Lawrence Erlbaum Associates.

進藤拓歩・今野和夫（2014）「知的障害特別支援学校小学部における『遊びの指導』についての研究(3)　－保護者に対する「遊びの指導」の必要性についての説明内容の分析－」日本特殊教育学会第52回大会発表論文P5-D-4.

全国特別支援学校知的障害教育校長会（2010）『新しい教育課程と学修活動Q＆A：特別支援教育〔知的障害教育〕』東洋館出版社.

全国特別支援学校知的障害教育校長会編著（2010）『特別支援教育のためのキャリア教育の手引き：特別支援教育とキャリア発達』ジアース教育新社.

鳥取大学附属特別支援学校（2015）「レッツ鳥取じまん～因州和紙の巻～　－教材の価値や文化を伝える教育実践」第30回日本教育大学協会全国特別支援教育研究部門合同研究集会神戸大会資料、pp.48-51.

広島県教育委員会（2011）『特別支援教育　作業学習ハンドブック』.

文部科学省（2007）「特別支援教育の推進について」.

文部科学省（2009）「特別支援学校学習指導要領解説総則編等（幼稚部・小学部・中学部）」.

文部科学省（2009）「特別支援学校幼稚部教育要領・特別支援学校小学部・中学部学習指導要領」.

文部科学省（2009）「特別支援学校高等部学習指導要領」.

文部科学省（2009）「特別支援学校学習指導要領　自立活動編」.

文部科学省（2015）「平成25年度　特別支援学校のセンター的機能の取組に関する状況調査について」.

文部科学省（2016）「キャリア教育」. http://www.mext.go.jp/a_menu/shotou/career/index.htm で閲覧可能。（閲覧日：2016.5.8）

第4章

知的障がい教育に携わってきた教員のライフヒストリー
―養護学校義務制から現代までの語りより―

ここまで、知的障がいの概念、歴史、現在行われている教育の枠組みについて、社会モデルという観点で関連を検討してきた。それでは、知的障がい教育の現場で携わってきた教員は、どのように感じ、どのように実践を行ってきたのであろうか。

　本章においては、養護学校義務制が実施された1979年から現代に至るまで、知的障がい教育に携わってきた教員のライフヒストリーを描出することを試みる。

❶ ライフヒストリーについて

　ライフヒストリーは、日本語では、「個人史」といわれるものであるが、第１章でのブロンフェンブレンナーの生態学的システム理論で述べたように、クロノシステム（時代の経過による文化や教育システム）やマクロシステム（教育政策、福祉政策など）が個人の思考に及ぼす影響をインフォーマントのナラティブから描出することが可能である。本章においては、A氏のナラティブについて、意味づけを行っていくことで、当時の知的障がい教育の実践について検討を加えていきたい。

　対象事例のA氏の出身は、教育学を専門にしながらも国文学科で国語の教員免許を取得し、教員採用試験を受験する。そのような時期に、A氏は養護学校義務制を体験することとなる。

❷ 養護学校義務制と教員採用試験

A：当時、養護学校義務化というものがありまして、大学では、養護学校義務化反対運動というものがあって、ぼくは携わってないんですが、大学の先生なんかは反対運動をやっていて、その教えをちょこっと受けてたという経緯がありました。であるのに、僕が教員採用試験に受

かった時に、採用試験の時のアンケートに、「あなたどこの学校だったら行きますか。」という質問項目に離島とか、定時制とか、いろいろ○で囲むところがあって、その中に養護学校というものもあったんですよね。

　A氏は、「養護学校」という学校種がどのようなものか十分理解できていないまま、採用試験における希望学校種での一つの選択肢としたのである。

A：その時は、「どこでも赴任する」という形で○をしなければ、採用されないというようなことが言われてたような気がするんですよね。それで、ぼくも迷わずに養護学校にも○をしたんですよ。そうすると、養護学校から採用通知が来たのです。養護学校から採用が来て、思わず、「どうしよう」と思って、教育委員会へ電話をかけたんですね。「養護学校には僕は行きません」と言う形で。大学の先生が反対運動に携わってた関係で、養護学校義務化ということに心の隅で小さなクエスチョンがあったんですね。当時言われてたことは、やっぱり義務化によって、障がいを持った子どもたちは、養護学校に行けるようになるんだけれども、通常学校の中の障害児学級に行ってる子どもたちが通っている学校に行けなくなって、「全員が養護学校に」ということに、ほとんど全部がね。という風な流れになってしまうんじゃないかと聞いていたと思うんですよね。義務化に対するいろんな疑問みたいなものがたくさんあって…あんまり良しとしなかったというか、すっきりこなかったんですね。でも希望で○をつけてしまい…。

　養護学校義務制によって、障がいのある子どもたちすべてが、学校に通える半面、通常学校に通学している子どもたちが、通っている学校に通え

ない状況があることをA氏は心の片隅で疑念としてもっていたのである。

A：もう一つ、教師というものがテレビドラマの影響というものもあったんでしょうけれど、子どもに青春を語るとかね。そういうものへのあこがれがあったんだと思うんですよ。普通の教師がおって、熱血ドラマみたいなね。

A：そんなものに、あこがれとったと思うんですよ。そんなイメージしかなかった。大学では、義務化反対みたいな考え方もあったりして、教師になるというのは、通常学校の熱血教師のイメージしかなかったのです。ところが、教育委員会に電話をかけてみると、「あなた、そんなことを言うのだったら、来年受かったとしても、採用はないですよ」と言われました。それで、養護学校に赴任することになったのです。

ちょうど、当時は、「熱血教師」が学校で活躍するドラマが流行しており、A氏は、そのような教師に憧れをいだいていた。

養護学校義務制によって建築された養護学校は、A氏にとっては未知数の存在であった。教員採用の通知が来たのち、A氏は後悔したが、教員としてのポストを得たいと考えたA氏は、結果的に養護学校に就職することとなった。

❸ 養護学校での重度の知的障がいのある子どもとの出会い

A：県立X養護学校に赴任することになり、駅に到着して、「養護学校ってどこですか」と聞いてみると、誰も「知らない」という。どういうことだろうと。道行く人にいくら聞いてもわからない。やっとつきとめても、あるいて行っても、どんどんどんどん人里離れたようなところに入っていく。養護学校に着いて、ちょうど春休みだったんですけれども、教室案内をされたんですよね。ここが教室だという形で。そ

れで、小学部の教室を案内されたんですよね。もちろん、だれもいない。「あんたここでやっていけるか」と聞かれたんです。それで、ぼくは小学部の部屋を見て、「大丈夫です」と答えたのです。4月になり、着任したら、中学部だったのです。最初から予想が外れてしましました。ぼくは中学部の3年生を担任したのですが、最重度の知的障がいの子だったんですね。多動と言いますか。ちょっと目を離したら人を蹴る。椅子をボーンと投げて、窓ガラスを割る、身体の大きな筋肉質の子でした。授業中に、音楽の時間なんかにボーンと足でオルガンを蹴って、オルガンを倒して、他の子に当たって怪我をする。ちょっと目を離したら道行く人に走っていって、その人を蹴るとか…。ということもありました。とにかく、「その子が人を蹴ると困る」という意識があったんですかね。その子の後ろをとにかく、ついて走り回ってたんですね。止めないと…と思っていました。

　一日が終わって、X養護学校から歩いて帰る時に、まっすぐの道が歪んで見えるというか。半分ノイローゼ状態になってました。というのは、まず、1つは何をしたらいいのかわからない、ということと、多動の子を担当していたので、体力的に消耗したと、その2つのことで、身体は消耗、精神的に消耗してしまって、半分ノイローゼ状態になってしまってたんですね。

　A氏は、知的障がいの養護学校に赴任する際に、誰に聞いても場所がわからず、人里離れた場所に学校があることに小さな疑問を描く。赴任してみると予想をしていなかった中学部に配属になり、力が強い知的障がいのある生徒を担当することになる。しかしながら、どのように関わっていけばよいのかわからないまま、その生徒を追いかける生活に疲労を感じ、精神的にも困憊した状況に陥ってくるのである。

❹ 知的障がいのある子どもの気持ちを理解した瞬間

　そのJという子なんですが、一瞬目を離したすきにバーンと教室のドアを開けて走り出て行ってしまったんですね。ぼくは、一瞬その子についていくのが遅れてしまって、見失ったんです。どこで何をしているかわからない、というので、走り回って、走り回って学校中を探し回ったんですが、見つからなかったんですね。

　ちょっと考えたんですが、そのJくんというのは、砂場が好きなので、砂場に行ってるのではないかと思って、ぼくも走って砂場に行った時に、砂場に座り込んで、砂を手から手にさらさら…と、片一方右手で砂を落としながら、左手で受けるということをしてたんですね。そんで、ハーハー息しながら。ほんでぼくも急いどったもんで、座り込んでしまって、そんでその子が砂を落としとる姿を見てたら、「Jくん、今、楽しいんだわ」と思ったんですよね。その瞬間に頭の中の構造がぐーっと組み替わったような気がして。

　それまで、「楽しい」なんて感覚、ぼくには全くなかったんですよね。「とにかくその子が人蹴ったら、あかん、殴ったらあかん」とそんなことしか考えてなかったんですので、「Jくん楽しいんだわ」と考えた瞬間、いろんなことが考えられるようになって、Jくんがどうして、人を蹴ったりするんだろう、ということを考えるようになったんですよね。「実は、Jくんは人が好きなんだ」と。大きな子なんで、20m、30m離れたところに走っていくわけなんですよね。ほんで、走ってこられた人は、怖いので「きゃー」言うわけなのですよね。ほんなら、Jくんは、その瞬間、拒絶されていると思うわけなので…それに気がついた時に、Jくんは、とても走るのが早い訳なんで、ぼくも若かったので、その子より先に走っていって、「Jくん」と言い、笑顔で、「こんにちはー」とか、「おはようございます」とか言っていったんですよね。その、遠足なんかで、当時、レジャー

ランドなんかあったんですけれども、ばーっと走っていって、「おはようございます」と笑顔でやると、他の人たちも「おはようございます」って言ってくれるんで、Jくんの殴る、蹴るというのが収まってきたんですね。で、そういう形で、ぼくもノイローゼから解放されていくし、Jくんも落ち着いてきました。

　A氏は、知的障がいのあるJくんの行動を止めるために追いかける日々を続けていたが、ある日、砂場で砂をさらさらと落とすJくんの姿を見て、Jくんが楽しんでいる意味を発見する。
　"その瞬間に頭の中の構造がーっと組み替わったような気がして"とA氏は語っているが、まさに、Mezirow（1991）の述べる意味パースペクティブ変容（meaning perspective）であろう。知的障がいのあるJくんの生きざまに触れて、A氏自身の思考の枠組みが変化した瞬間である。それ以来、A氏は、Jくんの気持ちを理解するようになる、本当はJくんは、他者に危害を加えようとしているのではなく、人間が好きなのである。人間が好きで、近づいていくのであるが拒絶されるため、「蹴る」という行動に出る。A氏がJくんの気持ちを理解して、その気持ちに沿った対応をすることで、Jくんの行動も落ち着いてくるのである。

❺ Jくんとの別れ

A：ところが、X養護学校というのは、当時30年も前になるんですが、希望者全入ということで、当時、希望する生徒は中学部から高等部にあがる時に全部受け入れるというのを旗印にしとったんですが、希望できないんですよ。「こんな子見れない」という形があって、で、結局、Jくんのお父さん、お母さん、両親の考え方から言って、高等部に行くのが、はばかられるということになってきて、結局どこかの施設に

中学部卒業したら…すると、県内の施設が受け入れてくれない、「こんな子は、見れない」と。それで、どうなっていくかというと離島の方に親戚があって、離島の海辺の施設やったら面倒見てくれるんじゃないかと、ぼくは、担任として、離島の海辺の施設を見に行くんですね。

　Ａ氏は、ようやく知的障がいのあるＪくんと気持ちが通じあえたのであるが、当時の養護学校においては、行動面で、他者に危害を加えるＪくんは高等部に進学できず、県内でも受け入れてくれる学校や施設がなかった。周囲に気遣いをしていたＪくんの両親も、Ｊくんが離島で生活する話を進めようとした。
　いわゆる社会との隔絶である。当時の世の中においては、知的障がいのある子どもたちが分離・分断されていく様子がみてとれる。そして、ＪくんとＡ氏は離ればなれになっていく。

❻ 解放教育と知的障がいのある子どもたち

Ａ：その頃から、障がい者問題が抱える矛盾がすごく見えてきました。Ｊくんでいったら、おとうさん、おかあさんの力が必要であったり、まだまだ可愛がってもらわないといけない子が、両親と一緒に住めなくなっていうことが…。重度の知的障がいのある子どもほど、家族と一緒に住めなくなる、当時そうだったのでね、その辺から、「何か違うぞ」という感覚がぼくに芽生えていったんですよ。
　僕は大学で解放教育を学んでいたもので、当時の解放教育というのは、世の中の現状を肯定しない、良しとしないといった視点で見ていたもので、それと重なっていったんですね、ぼくの頭の中で。でっ、そういう形で養護学校で過ごすようになっていったんですけれども、

解放教育思想ですかね。つまり、世の中の少数派の立場に立って考えることです。絶対少数派ともいってましたけれどもね。
　当時、福地幸造さんという方の解放教育の思想を受け継いでいったんですね。福地さんは定時制高校で、どこの学級にも手に負えない生徒を一つの教室に集めて、担任していくんですね。その思想で、教育幻想ゆうたら「これが青春だ」みたいなね。そんなところからね、なんか谷底に落とされるようなカルチャーショックみたいなものを受けましたね。そういう思想がありつつ、なんか養護学校いうのが頭の中でしっくりこないというのか、というのがあったんやと思います。それもかくにも、Ｊくんを担任して、卒業させました。

　Ａ氏は、知的障がいのある子どもたちの卒業後について、矛盾のようなものを感じる。当時は、解放教育思想と障がい者問題とをリンクして、「抑圧」に抗する動きがあった。たとえば、フレイレの『被抑圧者の教育学』では、「課題提起学習」について、述べられている。「教師はもはやたんなる教える者ではなく、生徒と対話を交しあうなかで教えられる者にもなる。生徒もまた、教えられると同時に教えるのである。かれらは、すべてが成長する過程にたいして共同で責任を負うようになる。」（フレイレ、1979、p.81）と教師と生徒の対話や学び合いの重要性を説いている。Ａ氏と知的障がいのあるＪくんの対話を通したお互いの理解を描き出しているともいえる。
　また、Ａ氏が述べている当時の定時制高校や夜間中学の様子を松崎（1979、p.11）は、次のように述べている。

「夜間中学に通っている生徒の多くは、家庭の貧困、病気、戦争、学校ぎらい、等の理由で長期間学校を休み、義務教育を修了できなかった人たち（このような義務教育未修了者は新学期は発足して以来累積されて、現

在では推定百四十万人にものぼるといわれている）であり、身体の障害が重いと就学を断られた人や、中学生の卒業証書は持っているが、かけ算、九九や「あいうえお」が満足に書けない人も来ている。さらに戦前、満蒙開拓、内鮮結婚、南米移民、などの名目で、国策として外国へ行かされた人たちが引き揚げてきているが、その子どもたちも日本語と学ぶに適切な教育機関がなくて、夜間中学へ来ている。（中略）いずれも基礎教育からきり捨てられ、文字とコトバを奪われ、生活をおびやかされてきた人たちである。そして、その人たちが自ら学ぼうと決意しても、完備しているはずの日本の教育制度下だがいくところがない。やむなく法的には、奇妙な形で存在している夜間中学へ来ているのだ。この現状は日本の教育の繁栄が見せかけであり、実際には不平等で深く病んでいることを示す以外のなにものでもない。」

　このことと併せて、A氏が言及している福地幸造氏（1976、p.188）は、自身が担当していた生徒からのコメントを次のように綴っている。

「第一に授業がはじまっても、教室に入らないし、教科書はもってないし、運動場でワアワア言って、遊んでいました。しかし、皆、心の中は真っ暗でした。
　廊下を、わざと、ドタバタと走り廻り、わめきちらしていました。そうではしない限り、私たちは、どうしようもなかったのです。
　『俺たちの気持ちなど、誰も分かってくれない』と思い込んでいました。
　特別クラスに編成された着易さと、安心感はありましたが、やはり『落第生教室』というひがみが強くて、学校にでてくるのが、とてもつらかったです。だが、同じ友達がいるということだけで、学校へでてくる気があったのです。
　こんな毎日のなかで、日がたつにつれて、私達のクラスへこられる先生

方や、担任の先生方が、何を考えていて下さるのか、少しずつ分かってきました。」

　A氏は、重度の知的障がいがあり社会から隔絶されていくJくんと関わる中で、当時、福地幸造氏が『落第生学級』で在籍する生徒たちと行っていた教育実践に自らを重ね合わせていったのであろうか。

　その後、A氏は、担任するもう1名の知的障がいのある生徒の悲しい鉄道事故に遭遇するが、それを契機として、自らの知的障がい教育の実践を求めていく。

❼ もっと社会を変えていかなければならない

A：僕らは、「知的障がいのある子どもたちは、もっと社会に受け入れられなければならない、社会を変えていかなければいけない」といった立場に立ったもので、だから養護学校の中においても、例えば、作業学習においても、いろんな作業がないかと、木いちご植えてジャムをつくったり、それからシメジをつくってみたり、それからしいたけをつくってみたり、新しいことをしていこうと…

　例えば、四国の先進的な養護学校なんですけれども、町の中に、養護学校でありながら、作業所みたいなものを作って、例えば、パンをそこで作って、町でパン屋さんを開いて売っていくとか、知的障がいのある人が就労する枠組がありました。そこに仲間と見学に行って、養護学校の中に作業実習的な部分があったんですが、しめじづくりみたいなものも取り入れていきました。

　ジャムづくりとかね。ぼくたち仲間の5名で始めました。そういう形をとると養護学校の中にいても異質な存在だったのか、学校内の教

員100名対5名という形になったのです。

　A氏は、社会から排除されている知的障がいのある子どもたちのために、新しい就労の枠組みと作業学習をリンクしていこうと試みる。四国の先進的な事例の見学に赴いたり、木イチゴのジャムやシメジづくりなど、これまで行われていなかった作業学習を模索しようとするのである。

　その後、A氏は、知的障がいのある子どもの教育から通常学校での識字学級実践に傾倒していくのであるが、再度、特別支援学校の教員として勤務する。現在の特別支援教育体制で勤務する中で、当時のことを次のように振り返り、A氏は語る。

⑧ 特別支援教育の時代になって

A：あのね、昔と今の違いはないと思うんですけどね、僕なんかは、赴任からずっと思っていたのが、人間には縦面と横面の成長があって、縦面は個人の成長で、横面は社会的な成長なんだと、例えば、当時、知的障がいのある子どもたちが下駄箱に行って、靴を指のほうにすっと向ける、「わーすごい！」と皆で喜びあう。そのことに対して、僕は、極端にいうたら、「それが何なんだ。人間の成長というのは、縦面の成長、つまり個人の成長には限界があるけれども、横面の成長は無限なんだと、だからそのことより、社会の中でどう生きていくかや、社会の中でどう理解されていくか、社会の人とどう関わっていくかが知的障がいのある子どもたちにとっては大切なことなんだ」と、いう認識がすごく強かったんです。だから、社会と戦っているというか、ある意味、わかったようなつもりになって、知的障がいのある子どもたちを受け入れてくれない社会に戦いを挑んでいった。そういう意味では、僕が基本的に持っているのが、縦面と横面の思想だった。でも、

今は、僕は年をとってきたせいか、そればっかりではなかろうと思えるようになりました。今、子どもたちがいる中で、子どもたちをどのように変えてやるのか、どのように付き合っていくのかが教育かなあって思ったりしてるんですよね。若かった当初は、解放教育を学ぶ中で、僕は、権力いうものには、抗していたのです。だから、世の中に巻き込まれた形の養護学校の有りようというか、世の中に受け入れられていくような子どもたちをつくっていくようなところ、そういうところは嫌だった。「世の中に受け入れられていく、その世の中はどういうことなのか」って。

でも、今はね、そうとも思わんなって、「今のこの状況の中で子どもの能力をどう伸ばしていくんだって」縦面と横面の成長があって、うまく兼ね合わせを取ろうと…

例えば、ある生徒は、強い刺激をよりパソコンに求めているから、パソコンしか興味を示さない。こういう技術であったり刺激であったり、でも、ぼくが生徒に何を与えれるかというかと…何もないんですよね。パソコンは、一つの手立てだけど、すべてではない。人と人とのコミュニケーション、コミュニケーションというのは心のキャッチボールなんですが、そういう技術をどのように身につけていくかが大切だと思います。

A氏は、養護学校義務制から知的障がい教育に携わり、"人間には縦面と横面の成長があって、縦面は個人の成長で、横面は社会的な成長である。個人の成長には限界があるけれども、横面の成長は無限であり、社会の中でどう生きていくかや、社会の中でどう理解されていくか、社会の人とどう関わっていくかが知的障がいのある子どもたちにとっては大切なことなんだ"と説いている。また、そのために、知的障がいのある子どもたちを排除しようする世の中と闘ってきたことを述べている。

しかし、特別支援教育体制になり、"縦面と横面の成長があって、うまく兼ね合わせ"と個人の成長と社会のありようの変革がうまく組み合わさることも大切であり、"人と人とのコミュニケーション、コミュニケーションというのは心のキャッチボールなんですが、そういう技術をどのように身につけていくかが大切だと思います。"と述べている。

今回のA氏のライフヒストリーインタビューからは、知的障がいのある子どもたちと関わる中で「変わるべきは知的障がいのある子どもたちを排除する社会である」という障がいの社会モデルに依拠した姿勢とその姿勢に突き動かされる作業学習などをはじめとする教育実践、「横面の成長は無限大」であるという地域住民や社会成員の心の有りようの変化の可能性を見出すことができた。

また、特別支援体制になり、「個のニーズに応じた教育的支援」はもちろん大切ではあるが、人と人とのコミュニケーション、つまり、「心のキャッチボール」技術をどのように身につけていくことの大切さを改めて確認することができた。このことは、第3章までで述べてきたように、人間や環境との相互作用によって生じる障壁（ディスアビリティ）とも密接な関係があるだろう。

ライフヒストリーインタビューを行うことで、知的障がい教育におけるクロノシステムの一端も見出すこともできた。

今回のライフヒストリーインタビューは、一例であるが、知的障がい教育と社会モデルを考える上で一つの参考にしていただけると幸甚である。改めて、協力いただいたA氏にこの場を借りて感謝申し上げたい。

● 引用・参考文献
Mezirow.J., (1991) *Transformative Dimensions of Adult Learning*. San Francisco, Jossey-Bass. 1991＝金澤睦・三輪健二監訳（2012）『大人の学びと変容－変容的学習とは何か－』鳳書房.

高橋眞琴（2011）「医療的ケアを要する重度・重複障がいのある人への社会的サポートをめぐって：その現状と看護師の気づきの意味」神戸大学大学院人間発達環境学研究科研究紀要第4巻第2号、pp.29-38.
高橋眞琴・佐藤貴宣（2016）「当事者参加型インタビューにおけるライフヒストリー：全盲教員のナラティブ分析より」鳴門教育大学学校教育研究紀要 30号、pp.9-17.
田原美紗子・見立知穂・玉井雅洋・山本遥・高橋眞琴（2016）「人間の理解とコミュニケーション―実践場面への主体的な参画を通して―」鳴門教育大学授業実践研究第15号（印刷中）
パウロ・フレイレ著、小沢有作・楠原彰・柿沼秀雄・伊藤周訳（1979）『被抑圧者の教育学』亜紀書房.
福地幸造（1976）「あれこれのこと」福地幸造編（1976）『ほえろ落第生たち』明治図書出版、p.188.
松崎運之助（1979）『夜間中学その歴史と現在』白石書店, p.11.
松崎運之助（1979）『夜間中学その歴史と現在』白石書店, p.11.

第 5 章

知的障がいと社会モデル

本書においては、「知的障がい教育と社会モデル」をテーマに、ここまで、「知的障がいの概念」「知的障がい教育の歴史と現在の教育課程」「養護学校義務制から現在に至るまで知的障がい教育に携わった教員のライフヒストリー」に触れることで、知的障がい教育と社会との関わりについて、検討を加えてきた。

　それでは、知的障がいのある人たちは、どのように社会の中で生きてきて、どのように働きかけようとしてきたのか。本章においては、その経緯を簡単に整理していきたい。

❶ 知的障がいのある人々と隔離政策

　日本における知的障がいのある子どもたちの教育の歴史は、第2章で概観したとおりであるが、米国においては、1845年、ニューヨークにおいて、バークス博士が、自宅、救貧院、刑事犯収容所で生活しており、施設を必要とする相当数の知的障害のある人々の存在を指摘した（西、1977、pp.250-251）。

　1948年に、マサチューセッツ州で、ウィルバー医師により、軽度の知的障がいの子どもと通常学級に通学できない知的な問題のある子どもを対象とした私立学校が開設された（中村、2003、p.37）。また、マサチューセッツ州で知的障がいのある子ども向けの実験学校を成功に導いたハウの知的障がいに関する教育思想も影響を与えた。ハウは、「非教科的指導も教育であり、それが組織的・計画的に行われる場は学校である」「『精神薄弱者』は、心身の発達を維持するべきに、彼の育ったコミュニティで生活すべきである」（中村、2003、p.37）という主張している。

　1865年の南北戦争後には、貧困や犯罪は、知的障がいの問題が関連することが示唆された。その結果、知的障がいを対象とした学校は、大規模化、隔離化に変化していった。知的障がい向けの1,000名を超える大規模施設

も建設され、それらがコミュニティとなり、スティグマが付与された。また、19世紀末には、優生思想を謳った知的障がいのある人々の発生抑制がなされるようになる（中村、2003、pp.38-39）。知的障がいのある人は、自制心に欠け、社会を脅かすとみなされていたからである（河東田、1999、p.126）。

一方、1930年には、エリス（Ellis）によって障害児の権利章典が提案されているが、「知的障がいのある子どもも含めた上で、『子どもは誰でも安全な家庭、教育、娯楽、適切な雇用への権利をもっている』とも述べられている（中村、2003、p.66）。

1950年には、ミネソタ州ミネアポリスにおいて、知的障がいのある子どもの育成会であるNARC（The National Association of Parents and Freiends of Retarded Children）の設立が行われ、知的障がいのある子どもの教育や生活への要求を行うようになった。

日本においても1960年に、精神薄弱者福祉法において、「精神薄弱者に対し、その更生を援助するとともに必要な保護を行う」と定められた。「更生」とは「適切な環境で可能な限り自力で生活できるようになること」であり、「適切な施設」とは、入所施設を意味する（渡部、2015、p.27）。厚生省（当時）では、コロニーの機能について「重症心身障害者、生涯の規模の程度が固定した者を長期間収容し、あるいは居住させてそこで社会生活を営ましめる生活共同体としての総合施設」としているが、コロニーの建設は、知的障がいのある人の家族の子どもを守るための強い要請によってされたもの（渡部、2015、p.29）であった。

❷ セルフ・アドヴォカシーとピープルファースト

知的障がいのある人々が「自分たちの生活を向上させるために、権利を守るために、地域の一員となって働くために、余暇を楽しむために、各地

で集まる組織・活動」を、欧米では「セルフ・アドヴォカシーグループ (self-advocacy group)」「ピープルファースト (people first)」(立岩・寺本、1998、p.91) と呼ぶ。

セルフ・アドヴォカシーとは、「知的障害のある人たちが自らの権利を擁護することを目的として、本人の手によって組織化される活動の総称」(津田、2003、p.400) である。

1973年に、米国のオレゴン州で、約560人の知的障がいのある人が集まり、話し合っていた。その際に、あるひとりの当事者が立ち上がり、「知恵遅れ」や「障がい者」ではなく、まず、「私はまず人間として扱われたい (I want to be treated like PEOPLE FIRST)」と発言したことから、ピープルファーストという名称が生まれたといわれる。(カリフォルニア・ピープルファースト、2010、p.10; 立岩・寺本、1998、p.92)

1973年には、ブリティッシュ・コロンビア州で知的障がいの人々の会議が開催された (カリフォルニア・ピープルファースト、2010、p.11)。

1979年には、米国ミネソタ州に、Advocating Change Togetherというセルフ・アドヴォカシーグループが結成され、目標として「障がいのある人々の生活を向上させる法律の増加」「障がいのある人々が自分の生活においてパワーとコントロールをもてるようにする訓練の展開」「地区、州、連邦のセルフ・アドヴォカシーを援助することによる、すべてのレベルのセルフ・アドヴォカシー運動の強化」「目標達成に必要な人的資源となるリーダーシップの拡大」を目標として掲げた。そのグループが調査したところ、「公園」だと考えられていた場所が隔離されていた知的障がいをはじめとする人々の墓地であることが判明した。その後、グループは、「墓地」の整備を立法府に要求したのである (津田、2003、pp.102-103)。

1984年には、People First of California (1984) によって、'Surviving in the System : Mental Retardation and the Retarding Environment' (邦訳:「遅れをまなく環境」) という報告書が提出される。同報告

書は、「ニーズ・アセスメント」や「セルフ・アドヴォカシー組織とトレーニングモデル」を内容とし、「自分たちの手で行いたい」とするものである。この報告書は、日本をはじめとして、各国のセルフ・アドヴォカシーグループに反響を与えた。

　カリフォルニア州においては、ランタマン法に基づき、Regional Centerがカリフォルニア州の財源により設立されている。Regional Center協会によると、カリフォルニア州には、21のセンターがあり、これらは州の発達障害局と委託契約をしている民間の非営利団体である。知的障がいのある人が必要とするサービスの提供やコーディネートを行う窓口となっている。尚、この場合、障害種別や年齢は問わず、周産期の妊婦などへの相談（早期介入）から、成人の財産管理などまで広く行われている。各Regional Centerでは、知的障がいの成長過程や、その家族の生活状況に合わせて支援のパンフレットが作成され学齢期・成人期を問わず必要な時にいつでも利用できるようになっている。セルフ・アドヴォカシーに関する説明や担当専門家との面談の後に、担当ケースワーカーが決定され、本人の必要としている事に対して把握し、考え、可能な限りサービスも提供されている。大学教育においても、「アカデミック」「ライフスキル」「インターンシップ」「ソーシャルアクティビティー」「コミュニティーサービス」を2年間で学ぶというプログラムづくりがなされている。つまり、知的障がいのある本人が自分の権利を知り、家族やRegional Centerのサポートの下で様々な生活を展開している。

　Regional Centerにおいては、生涯の支援者として、本人の年齢に応じ、「個別家族サービスプラン」「個別教育プラン」「個人別プラン」を作成し、学齢期には、公立学校では特別プログラム、放課後支援、成人に至っては、生活技術プログラム、セラピー、就労支援などの支援を行っている（藤田・高橋、2011）。日本では、第3章で概観したように、乳幼児期及学校教育の卒業後の福祉関係施設では「個別の支援計画」、学齢期の学校教育関

係では、「個別の教育支援計画」が策定され、関係諸機関が連携し、知的障がいのある人の生涯にわたる支援を検討するが、Regional Centerにおいては、ワンストップで、生涯にわたる支援が行われているということになる。

❸ 知的障がいのある人々や子どもたちの人権を考える

　1990年前後には、日本の国内においても知的障がいのある人々の人権にかかわる事件がいくつか起きている。例えば、1993年には、近畿や中部の国立大学附属病院において、知的障がいのある女性の子宮摘出を本人の同意なしに行われていた事件が起きている。これは、子どものことを心配する保護者の理由であったり、サニタリー面に係る介助者の理由であったり、知的障がいのある女性に子育てが困難という本人側の理由だったとされる（河東田、1999、p.127）。河東田は、当時、徳島県松茂町で、知的障がいのある人々向けのセクシャリティ講座を5年間実施し、本人及び支援者へ理解を促した（河東田、1999、pp.138-141）。

　幼児保育の分野では、自閉症である「Mちゃんが4歳の時に入園した未就学児の通園施設で、担当のK保母から、日常的に強制的暴力的な指導を受け、最後には、運動会の練習日に平手で頬を殴打された」（土肥、1998、p.20）事件が起きている。Mちゃんは、「自由遊びの時はにこにこと遊んでいるが、「…しましょう」という先生の声かけが入ると奇声をあげて逃げ出し、自分の好きな遊びをしようとぶらぶらと歩き回っていた」（土肥、1998、p.21）ということだった。通っていた施設が閉鎖になり、なかなか受け入れてくれる場所がなく、S施設に入園することになったのであるが、今までとは異なるパニックを起こすようになり、どんどんひどくなったために、近隣から苦情が出て、Mちゃんを施設に一時入所させることとなった。しかしながら、「望ましい行動をした時には褒美を、望ましくない行

動をした際には罰を与える」（土肥、1998、p.28）といった保育が日常的に行われていたのである。S学園にお母さんが見に行った際に、保育士がわずか5歳になったMちゃんに平手打ちをするところを目撃する。子どもの尊厳が守られていない保育である。

　学校教育の現場でも別の事件が起こっている。軽い知的障害をもつM子ちゃんが、N小学校に入学した際に、4月の家庭訪問でQ教諭から「お子さんのためには特殊学級や養護学校の方がいいと思われます」（山田、1998、p.132）という話をされる。その後、5月には、保護者は、担任から「普通学級でもやっていけると思います。ただ、大切な国語と算数だけはお母さんが付き添ってくれませんか」（山田、1998、p.133）と言われる。さらに、同月に、同学級担任から「生活の時間にじっとしていなかったので、縛りました」という衝撃的な発言を受け、さらに、6月には、教育相談の結果を受け、学校長から「知能指数75以下の子どもは普通学級には入られない」といった発言を受ける。この事例も子どもの人権が十分尊重されていない内容といえよう。

　今回紹介した事例は、一部であり、知的障がいのある人や子どもたちの実践現場は、様々な課題を抱えていると考えられる。

❹ 知的障がいのある人の現況

　それでは、知的障がいのある人の現況は、どのようになっているのであろうか。表5－1は、知的障がいのある人の現況であるが、総数は、74.1万人、うち、在宅者数は、62.2万人、施設入所者数は、11.9万人となっている。

表5−1　知的障がいのある人の総数、在宅者数、施設入所者数　（単位：万人）

		総数	在宅者数	施設入所者数
知的障がい児・者	18歳未満	15.9	15.2	0.7
	男性	−	10.2	−
	女性	−	5.0	−
	18歳以上	57.8	46.6	11.2
	男性	−	25.1	−
	女性	−	21.4	−
	不詳	−	0.1	−
	年齢不詳	0.4	0.4	−
	男性	−	0.2	−
	女性	−	0.2	−
	不詳	−	0.1	−
	総計	74.1	62.2	11.9
	男性	−	35.5	−
	女性	−	26.6	−
	不詳	−	0.1	−

出典：内閣府（2016）「平成28年版障害者白書」p.194

　内閣府（2016、p.194）によると、身体障がいのある人の施設入所率は、1.9％、知的障がいのある人の施設入所率は、16.1％となっており、他の障がい種と比較して、施設入所率が高いことが報告されている。

第 5 章 知的障がいと社会モデル

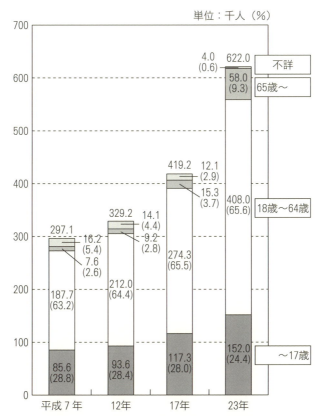

図 5 － 1　年齢階層別の障がい者数の推移（知的障害児・者（在宅））
出典：内閣府（2016）「平成28年版障害者白書」p.196

　また、内閣府（2016、p.196）によると、2005年と比較して、2011年には、知的障がいのある人が約20万人増加している。
　知的障がいは、発達期に顕在化するもので、身体障がいのように、人口の高齢化の影響を大きく受けにくいことから、療育手帳取得者の増加が一因であるとされている（内閣府、2016、pp.192-193）。

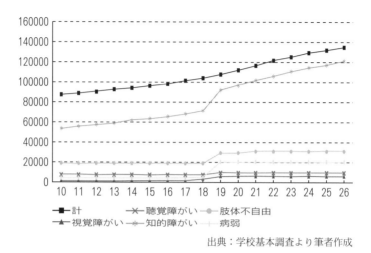

出典：学校基本調査より筆者作成

図5－2　特別支援学校の障がい種別在籍者数の推移

　図5－2は、特別支援学校の障がい種別在籍者数の推移であるが、知的障がいの生徒が右肩あがりに増加していることがわかる。
　この現象を考えると知的障がいは、第1章で言及したように、クロノシステム（時代の経過による文化や教育システム）やマクロシステム（教育政策、福祉政策など）の影響を受ける可能性がある障がいではないかということである。

⑤ 知的障がいと社会モデル

　このように、知的障がいは、クロノシステム（時代の経過による文化や教育システム）や　マクロシステム（教育政策、福祉政策など）の影響を受け、総数が変動すると仮定すると、まさに、社会によって創りだされる障がいということになる。
　田中（2013、pp.21-22）は、「インペアメントの意味の構築に焦点を当

てる新しいこの社会モデルは、『知的障害』というカテゴリーを作り出して、それを意味づけ、操作しようとしてきた『近代の理性』そのものを問い直す契機をもたらすと同時に、この『近代の理性』が、これまで知的障害者に対して行ってきた様々な介入や操作を見直す志向や実践を生み出す可能性」があり、「マクロ的には、国家政策としての福祉や医療・教育などの『政治』のみならず、ミクロレベルにおける知的障害者への支援、つまり臨床をめぐる「政治」をも問い直す契機をもたらす可能性がある」(田中、2013、pp.21-22) そして、知的障がいのある人たちの「『できなさ』とか『わからなさ』というのが、環境側の『合理的配慮の欠如』や『不適切なかかわり』として見直され、そこに知的障害者に対する支援の新しい支援の新しい思想や方法が切り開かれる可能性がある」と述べている。

文部科学省 (2015)「文部科学省における障害を理由とする差別の解消の推進に関する対応要領」によると社会的障壁の除去に関する配慮を必要としている状況にあることを意思表明するに当たって、「また、障害者からの意思表明のみでなく、知的障害や精神障害(発達障害を含む。)等により本人の意思表明が困難な場合には、障害者の家族、支援者・介助者、法定代理人等、コミュニケーションを支援する者が本人を補佐して行う意思の表明も含む」としている。

社会的障壁の除去に関する意思表明以外にも、例えば、学校教育で作成される「個別の教育支援計画」では、本人の願いや希望を記入する欄が設けられている場合も多い。知的障がいのある子どもたちの意思や希望をどのように正確に反映することができるかが、今後の課題であると思われる。

● 引用・参考文献

People First of California (1984) Surviving in the System:Mental Retardation and the Retarding Environment.
http://mn.gov/mnddc/parallels2/pdf/80s/84/84-STS-PFC.pdf
で閲覧可能(閲覧日:2016年5月6日)

カリフォルニア・ピープルファースト著　秋山愛子・斎藤明子訳（2006）『私たち、遅れているの？：知的障害者はつくられる』現代書館.
河東田博（1999）「性の権利と性をめぐる諸問題」松友了編著『知的障害者の人権』明石書店.
立岩真也・寺本晃久（1998）「知的障害者の当事者活動の成立と展開」『信州大学医療技術短期大学部紀要』23号、pp.91-106
田中耕一郎（2013）「問題提起」（個人的な経験と障害の社会モデル―知的障害に焦点を当てて）pp.18-29『障害学研究』9 明石書店.
津田英二（2003）「セルフ・アドボカシーの支援をめぐる基本的視点：支援者の属性と支援の内容に関する実証的研究」神戸大学発達科学部研究紀要第10巻第2号、pp.399-413.
土肥尚子（1998）「保母が五歳児を平手打ち　東京Ｓ学園事件」『障害問題人権弁護団『障害児をたたくな　施設・学校での体罰と障害児の人権』pp.19-40.
内閣府（2016）平成28年版障害者白書.
中村満紀男（2003）「障害児教育の本格的始動」中村満紀男・荒川智編著『障害児教育の歴史』明石書店、pp.37-39.
中村満紀男（2003）「公教育制度と障害児教育　第5節3『精神薄弱者』処遇の変容」中村満紀男・荒川智（2003）編著『障害児教育の歴史』明石書店、p.65
西信高（1977）「アメリカにおける知的遅滞児の訓育と教授」茂木俊彦　訳者代表（1977）『精神薄弱教育史』ミネルヴァ書房.
ビル・ウォーレル著　河東田博訳（2010）『ピープル・ファースト　当事者活動のてびき　支援者とリーダーになる人のために』現代書館.
藤田有希枝・高橋眞琴（2011）「Person-Centered-Planningの視点を活用した『個別の支援計画』の策定に関する研究：アメリカ・カリフォルニア州の実践事例調査から」『2011年度兵庫自治学会発表論文集』.
文部科学省（2015）「文部科学省における障害を理由とする差別の解消の推進に関する対応要領」.
山田晴子（1998）「障害児なら椅子に縛り付けてもよいのか」障害問題人権弁護団（1998）『障害児をたたくな　施設・学校での体罰と障害児の人権』pp.131-145.
渡部伸（2015）『障害のある子の家族が知っておきたい「親なきあと」』主婦の友社.

第 6 章

知的障がいのある子どもたちと地域社会
―合理的配慮と基礎的環境整備の論点整理に向けた保護者の語り―

高橋（2016）によると、「社会的障壁」に言及する国内法の動向から、「社会モデル」を意識した教育実践や研究方法が今後求められると予測されるとし、「障害学」の文脈においては、研究成果は、障害者がおかれている状況の変革につながることが前提とされている。研究対象は障害のある子どもではなく、障害のある子どもたちを取り巻く社会のありかたなのである。そのため、当事者参加型研究（participatory research）が重視されている。障害のある子どもたちの生の声を重視するインタビュー調査から示唆が得られる（堀、2014、p.209）とする。

　内閣府（2015）によると、「知的障害等により、本人自らの意思を表明することが困難な場合には、その家族などが本人を補佐して意思の表明をすることが可能である」という表現がなされている。保護者から見た「知的障がいのある子どもたちへの地域社会における基礎的環境整備と合理的配慮」について、検討を加えることは重要であろう。

　そこで、本章においては、知的障がいのある子どもたちと地域社会との関係について、保護者のナラティブ（語り）に、ゆるやかなカテゴリーを付与し、考察を施していくことで、今後の知的障がいのある子どもたちへの合理的配慮と基礎的環境整備への論点整理の一助とすることを目的としている。

❶ インフォーマントの概要

　インフォーマント（データ提供者）は、中村まさなり（仮名）さんの保護者の中村みずほさん（仮名）である。まさなりさんは、知的障がいで自閉症である。現在は、三語文の運用が可能で、ひらがな、カタカナ、ローマ字、漢字とも順調に習得している。特性として、多動性もある。保護者の就労のために保育園に通園していたが、その後、知的障がいがあることが判明し、その保育園は統合保育を行っていたため、そのまま通園した。

就学時は、地域の小学校か特別支援学校か迷ったが、地域の小学校の特別支援学級に入級する。児童5名に対して、教員2名の対応であった。入学の際には、特別支援学級の教員は、輪番であり、専門性が十分あるわけではないといったコメントがあったとのことである。4年生、5年生くらいまで普通学級に在籍していたグレーゾーンの児童が入級してくることもあるとのことであった。

地域の中学校の特別支援学級への進学を希望していたが、地域の中学校が生活指導上の課題が多いということで、特別支援学校（知的障がい）に進学し、中学部から高等部へ進学し、現在に至っている。

尚、中村さんへのインタビュー調査は、本書の情報提供を目的として、自由意思で行われている。倫理的配慮として、地域・個人名が特定されることを防止するために、改変を行っている。

❷ 保護者の語りからみた知的障がいのある子どもたちと地域社会

ここからは、保護者からみた知的障がいのある子どもたちと地域社会について、まさなりさんが生まれてから18歳現在に至るまでの経験について、順を追ってゆるやかなカテゴリーを付し、考察を加えていく。

(1) 脳が悪い

中村さん：障がいがあるということはまったくわかりませんでした。11か月から2歳半までは、仕事の関係で他の県に居住していました。その県にある保育園に入っていました。その保育園でいろいろなお遊戯をしないよといわれたり、大泣きをしたりとかそのようなことはあったのですが、私自身に知識はなくて、はじめての子どもだったので、このようなものなのかなという疑問の中で、育ててまして、障がいがわかるまで、結構時間がかかりました。1歳半健診でも。すごく機嫌が悪い時間帯と

か、そういうのもあったので、「ちょっと様子見ましょうね、言葉出ていませんね」という感じのことを言われていましたけれど、そのまま観察のような形になったのです。残念ながら、その当時は、「こうしたらいいよ」という話はなかったのです。誰からも。一般的に、言葉が出ない子だったら、「ことばかけしなさい」「お母さんコミュニケーション足りないです」といった指導を受けるけど、それをしたからといって、その子に伝わるわけではないという状態でした。

　2歳半で、こちらの地域に帰ってきて、自分の父母の家の近くに住み、保育園に入ったんですけど、その時に、母が「ちょっとこの子おかしいよ」ということを言い出しました。そのころ、私は第2子を妊娠していました。第2子を産んで2か月くらい経ってから小児科医から専門医を紹介してもらいました。「この子は、脳が悪いです」という一言で…。「普通に学校に行って、普通に大学に行くことは望まないでください。」ということを、最初にボンと言われたのです。

インタビュアー：どのような根拠でお話があったのですか。

中村さん：MRIはとっています。先生が指示を出して…。

　聴力や脳波の検査がありました。すべて正常で原因は不明でした。「脳が悪いんです…」と言われてしまって…。「何？それ」といった感じでした。

　だから「この子は、このように育てていきましょうね」といった話がなく…。自閉症の検査はもう少しあとに受けました。

　まず、中村さんは、1歳半健診において、まさなりさんの経過観察を行っていたのだが、専門的な病院に行った際に、「この子は、脳が悪いです」「普通に学校に行って、普通に大学に行くことは望まないでください」という医師からのショッキングな告知を受ける。

　周産期において、出産に時間を要したため、酸欠になり、脳神経細胞に

影響が及ぶことや脳神経の一部に損傷ができる場合もある。あるいは、生後環境における臨界期の問題等も出てくる。「脳が悪い」といっても思考力や計算力、発語などそれぞれの分野が違う。脳のどの部分に障害があるのかは、今日では、ある程度は、判明可能であろう。子どもの特性をみて、今後は、具体的なアドバイスが求められるだろう。最も苦手なところを重点的に対応していく、あるいは、例えば、視覚より聴覚が優位な場合など、ケースバイケースであろう。そのような機能をどのように使い、どのようにカバーしていくかも検討も必要だといえる。

(2)療育とエビデンス
中村さん：私たち保護者からすると、言葉が出るか出ないかにこだわっていたんで、センターでST（言語聴覚士）に入る前に、ムーブメントというものを勧められました。とりあえず、それをするしかないので、1週間に1回ぐらい通って行っていました。
　その指導の先生は、何を根拠にしたかわかりませんが、「この子は、ことばがきっと出るようになりますから」という言い方をされて、ちょっとした希望ですね、気休めなのかもしれませんが…
インタビュアー：そこで「ことばが出るようになります」という根拠がわからなかったのですが、そのような疑問を抱く際に、「何か根拠がほしい」と思われたのでしょうか。

　中村さんからすると、医師や療育者のコメントについて、なぜ、このようなコメントがでてくるのかというエビデンスを求めている様子が見て取れる。確かに、医師や言語聴覚士、理学療法士といった専門職でないと理解できない専門的な内容も含まれるため保護者への説明は十分ではない場合もあるのかもしれないが、一定の理解が可能なように、丁寧な説明も「合理的配慮」の一環として求められるのではないだろうか。

(3)TEACCH®との出会い

中村さん：保育園に入ったころなのですが、幼児期は抱っこを拒否し続けました。1人遊び。集団行動が苦手で保育園のお遊戯をしない。多動及び注意散漫なため家の中がぐちゃぐちゃ。情が通じず可愛く思えませんでした。

　4歳児（年中）の時に市立療育センターの自閉症児自立支援教室のモデルに選ばれて、1年間受講して、それが、私と子どもとのTEACCH®との出会いでした。すごく適した訓練だと実感したのが、実は、私は、子どもとコミュニケーションがとれなかったのですね。同じように暮らしていても…。何を考えているのかもわからないし、こちらの意図も伝えられなかったです。TEACCH®というものを知って、彼がわかるような手段で指示を与えたら、コミュニケーションがとれるということが初めてわかったのです。

「彼は、TEACCH®に向いてる」って、先生はすごく言っていたんですけれども、保護者のほうもそのころは、課題を1つずつ作成して下さいという…

「抱っこを拒否。1人遊び。情が通じず可愛く思えない。」という中村さんの発言からは、まさなりさんとの愛着形成の困難が示されているといえる。また、「私は、子どもとコミュニケーションがとれなかったのですね。同じように暮らしていても…。何を考えているのかもわからないし、こちらの意図も伝えらえない」という中村さんの発言からは、保護者の中村さんとまさなりさんは、なかなか相互にコミュニケーションがとれなかった状況がみてとれる。

　一瀬（2012、p.140）は、「『関係』というパースペクティブから論じなおしてみると、母親が『わが子とわかりあえているという実感』の有無が大きな影響を与えている。言い換えれば、母親としての存在証明が子ども

によってなされるか否かである。

　自閉症を合併する精神運動発達遅滞の母親は、子どもから他者と区別されることもなく、追い求められることもないため、母親としての≪自己のポジショニング≫（括弧部分、一瀬（2012））が不安定なままの状態が継続しやすい」と述べている。

　そのようなときに、「TEACCH®(Treatment and Education of Austistic and relatedCommunication handicapped Children 自閉症および関連領域のコミュニケーションに障害のある子どもの治療と教育)」との出会いによって、コミュニケーションがとれるようになってくる。

　TEACCH®は、自閉症スペクトラム障害（ASD）の人とその家族のためのノースカロライナ州の全州規模の包括的な支援プログラム」（G・メジボフ＋M・ハウリー著、佐々木監訳、2006、p.8）である。TEACCH®においては、「物理的構造化」「スケジュール」「ワークシステム」「視覚的構造化と情報」といった構造化による教育（前掲書、pp.13-20）が重視される。

　このように、環境に工夫を施していくことで、保護者と知的障がいのある子どもの間に生じているディスアビリティが軽減されることがみてとれるだろう。

(4) 統合保育と療育園

中村さん：ずいぶん悩んだのですが、保育園に入ってから、障がいがわかったので、途中から療育園に行くという選択肢もありましたが、慣れた園に統合保育があるので、「そこにいた方がいいや」ということで、そのまま通園しました。普通の保育園の「統合保育もやっているよ」というのは、専門性が先生にあるわけではないんですよね。「こんな子は、こう育てるんだって…」。まあ、若い先生が多かったんで、ある程度年配の先生だったら、「この子は、しつけがなってない」とか。

そういうのではなくて、若い先生が「どうしたらいいのでしょうか」と一緒に寄り添って、考えてくださったので…表示一つにしても一緒に考えて、写真を出してくれたりとか、訓練やTEACCH®も一緒に見に来てくれましたし、本当に恵まれた環境ですくすく育ちましたね。

インタビュアー：療育園のお話もあったのですが、療育園に行かれた場合と統合保育の場合には、何か違いがあるのでしょうか。

中村さん：私は、やはり、情報量の違いが大きいのではないかと思うのですよね。障がいに対する…。療育園というのは、先輩の話が聞けたり、先生との面談があって、指導を受けられたりとか、いろいろ父親に対しても教育してくれるとか、聞いた時にいいな…と思いました。統合保育の場合、「建前上、このような子も入れます」という感じで…。残念ながら障がいのある子どもをなかなか入れてもらえない環境の中で、「そのような子どもも入ってもいいですよ」という環境、入ってからわかったというのもあると思うのですが、「だったらこの子に対して、どのようにしてあげよう」とか、別に、統合保育枠があるわけでもなく、例えば、加配の先生をつけたりとか、そのような意味での、メリットかもしれないですね。私は、学童保育の入所申し込みで困ったことがありました。やっぱり保護者の中には、「手のかかる子がいると、自分の子どもがおろそかになる」といった不快感を示される方がおられるらしく、私は、入所に関連する投票で断られたのですよ。ただ、スタッフさんは、そのことに対して、「ぼくたちは、一生懸命やってたつもりだし、他の子に対しても一生懸命していたつもりなのに、そのように見られていたということがショックです」と話しておられました。私にも謝られましたけど…。何か、障がいがある子どもがいるということに関しては、複雑な思いがあるんだなーって。

療育園と通常の保育園において、「情報量の違いが大きいのではないか

と思うのですよね。障がいに対する…」という中村さんの発言からは、通常の保育園で、なかなか知的障がいに対する理解の促進や情報の収集が進んでいない様子がみてとれる。

　このあたりは、今後の学校園における知的障がいのある子どもたちへの「基礎的環境整備」と「合理的配慮」において、密接な関係があるだろう。細井・増田（2015、p.135）は、自閉症のある子どもの母親の子育てについて、「支援センター等の保育士等に聞くものの、まだそこまで経験豊富な人は少ない。結局専門家を頼ろうとするが、その専門家はまだ少ない。すなわち、支援者も少なく、自閉症児の子育てについての共通理解を持てるような仲間もおらず、居場所がないと感じている。そして、母親は悩み、支えられず、徐々に子育てへの自信を喪失していく」と述べている。

　しかしながら、「若い先生が『どうしたらいいのでしょうか』と一緒に寄り添って、考えてくださったので…表示一つにしても一緒に考えて、写真を出してくれたりとか、訓練やTEACCH®も一緒に見に来てくれました」という中村さんの語りからは、統合保育において、保護者に寄り添ってくれる若手の先生が担任になったことで救われたといった様子がみてとれる。

　例えば、中村さんが1歳半検診の際に受けた一般的な指示、すなわち、「言葉が出ない子だったら、「ことばかけしなさい」「お母さんコミュニケーション足りないです」といった担任による「一般的な指示だけ」だった場合、まさなりさんの困難は、中村さんの子育ての姿勢に起因するということになり、中村さん自身の子育ての際の様子や気持ちは変化していたのではないだろうか。

　高橋（2015、pp.142-143）は、保護者とコミュニケーションをとる際には、保護者を取り巻く状況や保護者の心情を察し、共感的にコミュニケーションをとる姿勢の重要性や保護者に対して、可能な限り、寄り添った形で話を聞くことが重要であるとしている。

　つまり、学校園の教員にとっては、専門的な知識や技能についても、も

ちろん必要であるが、何よりも「保護者と共感的にコミュニケーションをとる姿勢」が知的障がいのある子どもたちへの基礎的環境整備の一環になるのではないかということである。

　「学童保育の入所申し込みで困ったことがありました。やっぱり保護者の中には、『手のかかる子がいると、自分の子どもがおろそかになる』といった不快感を示される方がおられるらしく、私は、入所に関連する投票で断られたのですよ。」という発言から、中村さんは、受傷体験をしている。放課後児童健全育成事業や社会教育分野での活動利用者への障がい理解の促進についても「基礎的環境整備」の一環として重要であると考えられる。

(5) 愛されて育つことの重要性

中村さん：うちの園でよかったのは、可愛がってくれる先生がいたことです。私は息子とのコミュニケーションが成り立たない、自閉症のことがあるので、愛着関係がうまく育たないというか、何を育てているか、わからない。むこうも母だと思っていない。「お母さん」と思われることにすごく時間がかかったのですよ。

　結局、その、「僕の世話をしてくれる人」というか…。「お母さん」といったのは、4歳ぐらいのことかな。ただ、そこにいて、そういう存在だったので。そういう子でも、心から愛して育ててくれた先生がいたので…。本当に救われました。この子も、愛される権利があって、一人の人間として。外に出して、迷惑をかけることが怖いから、「外出したくない」という気持ちと愛される権利を「奪ってはいけない」という、葛藤がありました。多動というのはすごく手がかかるんで…。

　この中村さんの語りからは、通っていた保育園で、まさなりさんを大事にしてくれた先生の存在によって、中村さん自身が救われたということを

示している。「子どもを外に出すと迷惑がかかるのではないか」といった中村さん自身の葛藤や不安も伝わってくる。子どもを大切にしてくれる先生の存在の重要性を示す語りであろう。

(6) 突発的な出来事への対応

中村さん：エピソードですが、市場のところの坂道を歩いていたら、私は、娘のベビーカーを押して、息子とおじいちゃん、おばあちゃんと歩いていたら、息子がぴゅーっと走って行って、そのまま集団を突き切って、バスに乗り込みました。そのときは、おじいちゃんが走って追いかけて、バスに乗り込んでくれたので、助かりました。信号がもし赤だと、どうだったんだろうなとか、多動というのは、そんなものなのだなって。

うらやましいのは、小さい子どもがだだをこねているときに、お母さんが「置いていきますよ」といったら、「お母さん」と追いかけていくような、そういうことはありえない。自分一人でずんずん行ってしまう。自分が迷子になっていることも気がつかない。

とにかく、「迷子にならないように」と必死でしたね。TEACCH®をやって、やっと環境が整ったというか…。小さい頃は、写真とか…。写真とかでコミュニケーションをとるようにしていました。

この語りからは、突然走りだし、バスに乗り込んでしまったまさなりさんに対して、祖父が臨機応変に対応してくれたことで、救われた気持ちになった中村さんのエピソードである。また、一般の子どもなら母親を後追いするが、どんどん一人で先へ行ってしまうまさなりさんへの戸惑いもあらわれている。何とか、まさなりさんについていこうとする中村さんの懸命さも伝わってくる。このような場面で、中村さんをはじめとする知的障がいのある子どもの保護者に手を差し伸べてくれる地域の人々の存在で、保護者の方々も生活しやすくなるのである。

⑺知的障がいのある子どもたちのそれぞれのコミュニケーション手段

インタビュアー：知的障がいのお子さんの場合、写真や文字の方がコミュニケーションをとりやすいのでしょうか。文字の方が得意な方がいらっしゃるのでしょうか。

中村さん：はい、いると思いますよ。写真というのは、結構抽象的なので、そのものズバリをさしているものではないので、そのものを指している場合もありますが…。

これは、フェルトで作った手の形のコミュニケーショングッズですが、支援者の肩につけます。「何か用がある場合には、ここをたたく」といった練習をずいぶんしました。カード入れにも100円均一のカードをぶら下げていて、…。小学校の頃は、机回りに、「次の日程」ということで、このようにぶら下げていました。日が分かりやすいように、日めくりとわかりやすいように、時間割システムをつくりました。自分でどうやったら合わせられるかということで、国語は国語のシールを貼って黄色いかごに入れるといったようにしていきました。算数は赤とか…時間割に着色したのですが、結構すぐに覚えたので。

教科ごとに立てたのですが…

インタビュアー：すごいですね。

中村さん：これがだんだん3年生になると漢字にしていって、理科とか社会が増えました。さっきのスケジュールに写真があったのは、保育園の頃は、おもちゃの写真とその象徴になる絵を並べて貼ってあったのですが、このような写真や絵を用いて、終了をしたら逆さを向けるといった形をとっていました。月間と1日という形をとっていました。

このエピソードでは、TEACCH®プログラムでの物理的構造化によって、まさなりさんの概念形成が少しずつなされていっている様子が理解できる。また、知的障がいのある子どもたちでも、それぞれコミュニケーションの

方法でも得意な方法があり、工夫をすることで、コミュニケーションも可能になっていく様子もみてとれる。

(8)概念の形成に向けて
中村さん：月間のスケジュールでは、小学校の放課後週１回、スイミングスクールに行っていたのですが、終了したのちは、印を押すようにしていました。そしてスケジュールの方は、だんだん漢字を使っていくようになりました。物に「ことばがある」というのがすごく大変だったのですよ。「あいうえお」はものすごく早く覚えたのですけれど、「あ」と「り」を合わせれば、「あり」になるとか、「字は書けても、会話はできない」とか「字は書けても、字とものが結びつかない」とかいう状態だったので、家のもの全部に名前を書き、「ものに名前がある」ということがわかると思って…。大体貼りました。一番苦労したのは、ごみ箱で、用途が何なのか、本人がわからなくなるので、リサイクルマークのゴミ箱に統一しました。服もタンスの中に何が入っているか全部貼りました。ごはんを食べるときには、自分で並べたりできるように、シートに型をつけたりしたのですが、水がこぼれてパソコンがぬれるといった事件があったので、今は、トレーでしています。例えば、まさなりの場合は青とか、私の場合にはピンクとか、色で分けて、「これは誰々のもの」という認識を持たせるといった練習をすることも有効だということもよく聞きました。着替えも、かごに次に着る服を入れました。今は、洗面所にあるタンスにそれぞれの引き出しを作っていて、そこに着替えるものを入れています。ドアも「冷房している」「暖房している」がわからないので、「開けておく」「閉めておく」といったその時の表記を書いておいて、本人にわかるように、ドアにつけておきました。外出先についてもこのように写真で示しました。今は、ほぼことばで理解しています。

この中村さんの語りからは、最初は、「もの」に名前があることが理解できなかったまさなりさんが、中村さんの家庭内の表示の工夫で、次第に、概念の形成がなされてきた様子や。文字とものの名称が結びついてきた様子が理解できる。

(9) **スケジューリング**
中村さん：視覚支援を困ったことの対策にも利用しました。学校に行くのに、時間通りに行くことが難しかったので、学校に行くまでの時間と道程を視覚的にわかるように作って…。保育園は協力的で、コップと連絡帳がバラバラなのを家庭で使っているものと同じようにしてくれました。「病院に移動して、訓練するよ」「今日は診察があるよ」書いたものをカードの中に入れたりしていました。これは、外出用のスケジュールなのですが、カードに書いていました。例えば、「●時○分にバスに乗ってヘルパーさんとお出かけ」といった場合に、あまり細かい時間を書くと、それを守れない場合にパニックになるから、実際のところは、帰りの時間、「帰りは、何時に電車に乗る」とか、だけをきっちりカードに書いて、見ながらカード入れに入れることができるようにしていました。人によったら、カードが数枚入り、折り畳み式にできる名刺入れが便利で、「一つずつ書いていって、折り曲げていく」のです。自宅は、上層階に住んでいたのですが、飛び出して転落すると危ないので、二重にサッシロックをつけたり、外から鍵もつけたりしました。居場所がわかるようにいろいろしました。でも、案外「お留守番」が好きなのです。「遊んでいても怒られない時間」というのを彼らもほしいのですよね。最近は、携帯電話で居場所がわかるようになっていますが…。

　この語りからは、まさなりさんの外出の際のスケジュール管理の工夫がうかがえる。このスケジュール管理についても、特別支援学校では、「1.

○○」「２．○○」といったように、一般的には、手順を順序立てて示すのではあるが、知的障がいのある子どもの特性によって、異なるのである。例えば、外出時の予定時刻を小刻み提示するのではなく、行動の完了時刻のみ（この場合、帰りの電車に乗る時刻）を明確にすることで、まさなりさんの混乱も一定回避可能な様子がわかる。

⑽ 物理的構造化を語学学習に例えると

中村さん：場所の構造化をしました。「ここは、寝るところ」「ここは、遊ぶところ」というのをきっちり分けました。そして、様々な表示を減らしていきました。例えば、「そのような表示をしていると、それがないとできないんじゃないか」といった人がいると思うのですが、「英語などで、あやふやで心配なところに、読み方が書いてある」というもので…。

インタビュアー：表示はやはりあったほうがいいのでしょうか。
あるのとないのとでは違いますか？

中村さん：それは、それぞれの発達の状況にもよると思うので…。
一概に、全部にあった方がいいとは限らないと思うのですが、「あって害はない」と考えますね。そのように、自分で獲得した身辺自立とか生活習慣的なものは、なくてもできるように、発達してくるので、「カードなどを使うのはあまり良くない」という先生もいらっしゃるのですが、その子の発達の過程で、その時に必要であったら、使っていいんじゃないかなあと。いつまでもそれに依存するのではなく、上手に促していけば、成長はその子なりにするので、次の段階に替えていってあげたら…

インタビュアー：「なくてもできるようになってくる」ということでしょうか。

中村さん：うちの場合は、そうだったのですね。完全になくなるとは、言い切れないのですが、できるようになったことは、どんどんはずしていったので、引っ越しというきっかけもあったのですが、ほとんど普通に生

活できるようになりましたし、そのようにしていくことで、例えば、ホテルに泊まれるようになりましたし、結構、お泊りが大好きなので…。旅行も大好きですし、施設でも泊まりたいと言いますし、どこでもやっていけるように。

インタビュアー：それでは、世の中にすべてTEACCH®というものがあるほうがいいのでしょうか。一定、一度身についたものは、外で活用できると考えることができるのでしょうか。例えば、「視覚的構造化ばかりしていると、社会の中など何もないところでできないのではないか」ということもよく言われるのですが…

中村さん：そのことについては、この子については、そのようなことはなくて、あまり、表示をなしにすると、戻さないといけないこともあって、英語の学習でも例示しましたが、最初、英語の読み方や漢字などでもそうですが、ふりがながあると、自信を持って読めても、ない場合、「何だったかな」と声が小さくなったり不安になったりするように、反復練習ですかね。社会でも通用するように。

インタビュアー：このようなTEACCH®の方法を学びながら、社会に通用できるようにしていくといったことは、重要なのでしょうか。

例えば、英語の学習においても、読み方が難しい単語にメモ書きをすることや、読み方の難しい単語にふりがなを振ること、説明を行う際にレジュメを持参することなどは、私たちでも時々行うことである。確かにメモ書きをしないことやレジュメなしで説明できることに越したことはないが、メモ書きを持参していることで、安心感につながる場合もあるのだ。

中村さんは、まさなりさんにとってのTEACCH®プログラムの方法を、この英語のメモ書きにたとえ、まさなりさんの手がかりになっていることを伝えようとしている。私たち、社会成員も、自閉症のある子どもたちにとって、TEACCH®プログラムは、私たちが用いる「メモ書き」にあたる

ものであるということを理解することや啓発に用いることが重要ではないだろうか。

⑾「できないのでこう支援する」ではなく、「こうするとできる」
中村さん：あともう一つは、成功体験を、よく言われるのですが…。だめだった体験を積み上げても、あとでやらなくなってしまうので、やりやすいやり方でもできるようになっていくことで、だんだん成長するのではないかと思うのです。
インタビュアー：社会で成功体験が得られるようにするためには、どのようにすればいいのでしょうか。
中村さん：そうですね。一足飛びにさせないほうがいいんじゃないですかね。最初は、失敗しない準備って、大事なんで…。うまくいくように、最初は支援者が段階を踏んで、次も同じようなことができるんだと思うんですよね。
インタビュアー：やはり、細やかな関わりが求められるのでしょうか。
中村さん：初めてすることに関しては、（その体験を）記憶力がよく、忘れないので、最初のインプットって大きいのですよね。
インタビュアー：最初の関わりが受容的で、細やかに考えていただくということが重要なのでしょうか。
中村さん：ただ、全部を支援者に求めても難しいと思いますので、その子に対するキーワード的なもの、関わり方というと、よくいう「プロフィールノート」とか、学校の先生に、見てもらっていたのですが、「『この子は、このような子で、このようなこだわりがあります』ということを主張するものではなくて、『このようなやり方をしたら、この子はできます』ということをなるべく書いてください」ということを、自閉症のあるお子さんの保護者の方々にアドバイスしています。
そうすれば、ものすごくやり方が難しくても、なるべく、初めて一緒に

お出かけする方とか、学校の先生とか、お泊り会の前などに、理解してもらって、パニックにならない工夫は必要かなと思います。

インタビュアー：お話の内容より、「社会との関わりを知ってもらいたい」ということもポイントの一つですね。「（できないではなく、）このようなやり方をすれば、可能なんだ」と。「それができるようになるまで、訓練しなさい」ではなくて、「こうすれば、うまくいくんだよ」って、把握して、歩み寄るということですよね。

中村さん：歩み寄り型ですよね。その人と心地よく過ごすための、お互いの思いやりの世界になってくるのですけれども、他者とは、あまり多く共有できないじゃないですか。こちらから無理やりは。その分、ガイドヘルパーさんがついてくれたり、慣れるまでは望みますね。まさなりの趣味は、今、バスに乗ることで、福祉乗車証を使って、5〜6時間乗ってますけれども、一人でご飯も食べて、朝、8時ぐらいに出て、夕方の5時ごろまで帰ってこないこともあるのですが、自分でやっている遊びだから、そんなに心配しないのですが、人と関わり合うことは、まだ、心配はありますね。でも、それは、その子の…例えば、ダウン症のお子さんだったら人懐こいですし、遊びたい人も違いますよね。その子の心地よさが…。まさなりは、「ダメと制止するとパニックになるので、それだけは避けてください」と支援者さんには言っています。あとは、本人はどこに行っても楽しくやっていけるので、保護者もわかってもらうための工夫は必要だと思います。「外の人に関わってもらう」というのは、へりくだっていて、あまり良いことばではないのですが。社会の一員として。地域の仲間として。例えば、だんじりが好きなお子さんもおられますが、まさなりは好きではないのですよね。

本人が好きではないことを強要しても、楽しくないので、本人が好きなことをたまたま一緒にできる仲間がいる場合、その集団に入ることができればいいと思います。

今は、水泳チームに入っていますね。あと、学校の先生とは、考え方でずいぶんぶつかりました。「ごほうびがないと、やらないのならば、それはダメだ」という先生に当たってしまいました。ガンバリ表に○をつけてくれる先生もいれば、「何か、ごほうびがないと動かなくなる」という先生もいるし、でも、楽しみがないと本人のやる気もなくなるじゃないですか。結構、単純じゃないですか。「できました」とハンコを押していくだけでも、できたりもしました。

　中村さんの「『この子は、このような子で、このようなこだわりがあります。』ということを主張するものではなくて、『このようなやり方をしたら、この子はできます。』ということをなるべく書いてください」という発言は、私たちに考えさせるものがある。つまり、前者の表現は、自閉症の特性とその特性による支援上の困難が強調され、私たちとは、「異なる存在」という部分が強調される。一方、後者の表現は、子どもそれぞれの学習方略のストラテジー（戦略）であり、例えば、私たちが幼児や小学生だったころ、鉄棒の「逆上がり」の練習を試みた記憶がある人が多いと思うが、「こうすれば、できる」という感覚を誰もが持った記憶があるのではないかと思う。
　九九の記憶などもそうである。誰もが、行動を行う際に、誰もが自分が得意な方略があり、「自閉症」の子どもの場合、その特性のみ特化して、「できない」といったネガティブな表現をさける必要があるということだ。
　後半は、トークンエコノミーについて、言及されている。
　私たちもスキナーボックスを用いてラットでの実験を行う場合がある。ラットの場合は、条件を一定に保つことがある程度可能であるが、人間の場合、「オペラント条件付け」を学習の際に用いることは、その人の家庭環境や文化、成育歴、性格、周囲の友人関係など変数に左右されやすい。また、人間を意図的にコントロールする印象があるため、学校教育の実践

現場では、賛否両論があると考えられる。ただ、トークンエコノミーを用いるかどうかについても、自閉症のある子ども個々の学習方略と動機づけに依拠する部分があり、教員の指導上のポリシーも、もちろん重要ではあるが、本人や家族と協働しながら、子どもたちそれぞれの意向や特性に応じた学習指導について検討することも必要であろう。

(12)母子密着と社会

中村さん：一般的には、母子密着になりやすいので、友達と自由に遊びに行くことができない。一人で外に行って、友達と遊ぶことができない。他の家のお母さんに「ちょっと見ておいて」と言うことができない。程度にもよりますが、そうすると自分で見るしかできないという状況になります。ですので、様々なサービスを利用して、抱え込んだりしないようにしていかないと、親子心中ですよね。

よくあるのが、「人様に迷惑をかけたくないから」という考えのもとに、ガイドヘルパーさんを大人になるまで使ったことがないという人もいるらしくて、そうなると親子両方が離れられなくなるじゃないですか。それをやっちゃうとどちらも不幸なので、なるべく早めに使える機会があれば、どんどん使っていこうというのが、私の考え方でした。児童館の学童保育に行きましたが、4年生以上の高学年になると利用できない規定がありましたが、1年間延長という形をとってもらい、小学校4年生まで行きました。5年生からはタイムケアという障がいのある子ども向けの学童保育に、ガイドヘルパーさんを頼んで、連れて行ってもらう形で、利用していました。

この中村さんの発言からは、「様々なサービスを利用して、抱え込んだりしないようにしていく」という姿勢の重要性を示唆している。「他の家のお母さんに『ちょっと見ておいて』と言うことができない。程度にもよ

りますが、そうすると自分で見るしかできないという状況になります」という発言からは、「なかなか近隣や地域に、子どものことを頼むことができない」という地域における障壁が見受けられる。一瀬（2012、p.142）も、「近隣や地域の何気ない一言が母親に『傷つき』を体験させ、『関係への断絶』を加速させる要因になる」と述べている。

　中村さんの場合、「学童保育なども断られた」という発言から「受傷体験」があったが、「児童館は小学校4年生までは入れてもらって、1年延長」「タイムケアという障がいのある子ども向けの学童保育」「ガイドヘルパーさんを頼んで、連れて行ってもらう」というまさなりさんへの一定の配慮が可能な社会資源が存在していることで、「母子密着」を回避できていると考えられる。

⒀知的障がいと余暇活動

インタビュアー：例えば、普段行っておられる余暇活動ですが、クッキングやスイミングスクールやリュックサックマーケットでどのような活動をされているのでしょうか。

中村さん：クッキングというのは、好きなのです。日曜日の朝のパンをピザパンにしてみたり、ウインナーを切って並べたり、私自身はしたことがないのですが、地域で行った白玉団子づくりも、まさなりは、とても上手らしくって、ディサービスでも今日は、ちらしずしを作りました、パンを作りましたとか…。好きでやっているようで、なるべくクッキングをする機会が他のところでもあればと思います。あと、夕食を温めて食べるというのを自宅ではしています。それは、将来に向けての自立の練習です。リュックサックマーケットというのは、月1回のフリーマーケットです。楽しいですよ。たくさんお店が出ますので買い物の練習になりました。スイミングスクールは、いろいろなところを断られたのですが、「命にかかわるから」とか言われて…。でも、1カ所のみ小2か

ら、受け入れてくれました。卒級といって、最後の級まで達成したのです。そこから先ですが、スイミングスクールの場所を移転してしまったのです。「どこに入ろうかな」といくつか見に行った中で、現在は、障がいのある青少年のスイミングのチームに入って、月に2、3回練習しています。市の大会にも毎年出場していて、それ以上の大会は出場していませんが、メダルももらったりしています。負けるのが嫌いなのです。それが難しいことで、負けることがわかると勝負を投げるのです。

インタビュアー：参加の機会など、いろいろな大会があることは、大切ですね。

中村さん：好きなことが広がっていけばいいなあ…と考えていまして、好きなことをしていたら伸びますし、そのような機会がたくさんあれいいかなという部分ですが、この子たちの部活動というのが、通っている特別支援学校では、年に15回程度だったのです。行事がなくて、先生がいるときに開催されるのです。通常学校のような部活動の機会は、めったにないのですよ。全くないというわけでは、ないのですが。やはり、身体のためにも運動を継続的に続けるのは、大切なのはわかるのですが、機会がなかなかなくて…。大会というよりは、日常的に、そのようなことができる機会というのは、選ぶことができればいいのになあ…とおもうのですね。選べないのです。ちょっとサッカーをしてみようと思っても、なかなか入れてもらえない。サークルによっては余暇活動を実施しているところもありますが。

余暇活動でも勉強でも好きなことでないと伸びないのですよ。「できないこと」を支援するより、できることを伸ばすことで、「できないこと」もできるようになって伸びていくのですよ。ある先生がおっしゃっていたのですが、脳は、心地よいことを求めるのですね。そうじゃないと続かないのです。例えば、仕事でも少ししんどいことを収入対価として、認められる喜びなどもあると思うのですね。そのあたりの喜びとか、

達成感があるので、仕事も続けられると思うのですね。まさなりは、何でもチャレンジしてみたいタイプなので、何がものになるかわからないのですが、18歳にこの子になりましたが、限定せず、いろんなことをやっている中で、好きなことを見つけていくかな…と思っています。その中で、水泳と、電車と、旅行というものを見出しました。

インタビュアー：オプションがいろいろあるということは、大切ですね。

中村さん：自分の中で楽しいことがわかっていると世界が広がるというか、家では、パソコンとか、歌ったりしていますけれども、昔は、恐竜の折り紙を作ったり、プラモデルを作ったり、自宅の清掃も余暇活動として、ホームヘルパーさんもいらっしゃるのですが、一緒に清掃していて…
　まさなりが高1の頃に、写真コンクールで入選したんですね。他の入賞者も集まる中で、入賞式があったので、そこに集まる人たちにまさなりの紹介チラシを配布しました。イラストが堪能な方に作成していただいたのです。また、今までのエピソードについて、話をして、文集にも入れさせていただきました。

インタビュアー：その写真コンクールは、一般の人が参加するものだったのですか。

中村さん：そうですね。もともと、この地区の行事というものがあって、地域の世話役の人が、とても親身になってくださっていて、「まさなりくんも出して！」と声をかけてくださいました。
　それで、「家族全員で写真を出そうか」といったり…。旅行が好きなので海外のリゾートもたくさん行っています。これは、バリで…、アーチェリーの様子です。これは、ハワイやシンガポールです。昨年は、香港に、今年は米国のディズニーランドに行きました。

インタビュアー：すごいですね。

中村さん：彼自身は、世界一周したいらしくて。
　「母子密着と社会」の項と同様に、「スイミングスクールは、いろいろ

なところを断られたのです。『命にかかわるから』とか言われて…」とスタッフが対応できないことを理由に、余暇活動から排除されてきた中村さん家族の存在があることがわかる。

一方、「クッキング」「スイミングスクール」「リュックサックマーケット」「写真コンクール」など、知的障がいのある地域での余暇活動を支える様々なプログラムやインクルーシブな志向をもつ地域住民の存在から、まさなりさんが「世界一周したい」という夢も持ちえていることが理解できる。

「できないことを支援するより、できることを伸ばすことで、「できないこと」もできるようになって伸びていくのですよ」という中村さんの発言は、まさなりさんを中心として、本人が志向する活動に向けた周囲の支援の大切さを示唆しているといえる。

3 地域社会における知的障がいのある子どもたちへの合理的配慮と基礎的環境整備への論点整理に向けて

本章においては、知的障がいのある子どもたちと地域社会との関係について、保護者のナラティブに、ゆるやかなカテゴリーを付与し、考察を施していった。そして、今後の知的障がいのある子どもたちへの合理的配慮と基礎的環境整備への論点整理を試みた。今回のナラティブからは、限られた一つの事例ではあるが、以下のことが、知的障がいのある子どもたちへの合理的配慮と基礎的環境整備への論点となるのではないかと予測される。

(1)学校園及び支援機関における構成員の態度形成

今回の中村さんのナラティブにおいては、「この子は、脳が悪いです」という発言や「手のかかる子がいると、自分の子どもがおろそかになる」といった発言から、受傷体験をしている。一方、保育園において、専門的

な知見が少なくとも保護者や知的障がいのある子どもに寄り添った保育士の態度によって、中村さんはポジティブな発想に転換されている。

　つまり、専門的な知識を得ることも大切であるが、何よりも医療、福祉、教育・社会教育分野における構成員の態度形成がその後の保護者への子育ての意欲やひいては、知的障がいのある子どもの発達や社会生活に与える影響が少なからずあるのではないかということである。つまり、これらは、社会によって創りだされる障壁であるともいえる。そのためには、各所属の構成員への知的障がいのある子どもたちの理解を促す取り組みなどが「基礎的環境整備」の一環として必要だと考えられる。

(2) それぞれの認知の手がかりとなるに応じた環境設定とは

　これまで、学びのユニバーサルデザインという観点で、クラスの中では、「自閉症のある子どもにはこの支援」といったように、障がい特性に応じた普遍的な支援マニュアル的な内容が検討されてきた。しかし、今回のまさなりさんの事例のように、TEACCH®プログラムのような物理的構造化を行うことでコミュニケーションがとりやすくなる場合、スケジュールの提示においても活動の完了時間を示す方法がよい場合やトークンエコノミーを用いる方がよい場合とがある。

　津田（2012、p.136）は、「TEACCHプログラムは、文化相対主義を通して自閉症の人たちに質の高い生活を保障しようとするが、非障がい者中心の文化に対して鋭い問題を突きつけ、変容を迫るようなことはない」と述べているが、「物理的構造化」は、私たちが学習する際に「難しい漢字にルビをふる」「英単語に読み方を書いておく」といった行為に類する一種の「認知の手がかり」なのである。

　昨今、JRの駅構内の表示が「黒地に白文字」といった白黒反転に変更されつつある。このような取り組みは、視認性を高めるものだと推察されるが、「物理的構造化」についてもまさなりさんにとっては、一種の「認

知の手がかり」であったのだ。また、「認知の手がかり」が欠如するということは、環境設定によって創りだされる障壁であるとも考えられる。

(3) 「できないから支援する」ではなく、「こうすればできる支援」へ
　英国の研究者であるサリー・フレンチは、'disabling'をキーワードとした論文を発表している（高橋、2014）。'disabling'は、「無力化」するという意味合いがある。例えば、クラスの中に、支援を要する子どもがいて、横に支援員がついているとする。その際に、担任の教員がその子どものことを、「障がいがあるから支援員がついている」という表現をするとその子どもをカテゴライズし、「無力化」する場合も考えられる。一方、一人ひとりの子どもたちに対して、「この子どもには、こういう状況の場合に、こうすればできる」という表現をすれば、それぞれの得意、不得意に応じて、必要な方略を用いて、学習を行っているのだという説明になる。「勉強ができても運動が苦手な子ども」や「給食の一定の食べ物が苦手な子ども」「人前で発表するのが苦手な子ども」など人それぞれである。集団におけるマイノリティを無力化するような説明ではなく、それぞれが「こうすればできる」という発想で検討していけないものだろうか。

(4) 地域社会での文化に根差した教育の重要性
　中村さんは、「まさなりは、何でもチャレンジしてみたいタイプなので、何がものになるかわからないのですが、18歳にこの子はなりましたが、限定せず、いろんなことをやっている中で、好きなことを見つけていくかな…と思っています。その中で、水泳と、電車と、旅行というものを見出しました」と語っている。
　地域社会の中で、このように「選べる文化的リソース」や「学習活動」があることは、非常に重要であると考えられる。第2章、第3章で概観したように、学校教育においては、学習指導要領に沿って、学習が行われて

いるため、一定の期間内に、知的障がいのあるそれぞれの子どもたちの「段階」に沿って、一定の内容を行うことが求められ、時間的制約が生じたり、内容も限定的になったりする可能性がある。社会教育における活動は、ある程度意向に沿った活動内容を組み立てることも可能であるし、子どもが関心をもった活動を選択することも可能であろう。今後は、地域での文化に根差した学習活動も求められるだろう。

● 引用・参考文献

Tina cook; John Swain;Sally French（2001）Voices from Segregated Schooling:towards an inclusive education system,Disability& Society 16（2）, Taylor & Francis.=ティナ・クック／ジョン・スウェイン／サリー・フレンチ著／髙橋眞琴訳（2014）「分離教育の場からの声－インクルーシヴ教育制度に向けて－」堀正嗣監訳『ディスアビリティ現象の教育学イギリス障害学からのアプローチ』現代書館, p146.
G・メジボフ＋M・ハウリー著, 佐々木正美監訳（2006）『自閉症とインクルージョン教育の実践－学校現場のTEACCHプログラム』岩崎学術出版社.
一瀬早百合（2012）『障害のある乳幼児と母親たち　その変容プロセス』生活書院.
細井晴代・増田樹郎（2015）「自閉症児への療育の視点－母子関係の＜ずれ＞、子どもの＜語り＞に注目して－」障害者教育・福祉学研究、11号, pp.131-140.
髙橋眞琴（2015）「6－2 保護者と信頼関係を築く」七木田敦・松井剛太編著（2015）『つながる・つなげる障害児保育　かかわりあうクラスのために』保育出版社, pp.142-143.
髙橋眞琴（2016）『複数の障害種に対応する　インクルーシブ教育時代の教員の専門性』ジアース教育新社.
津田英二（2012）『物語としての発達／文化を介した教育』生活書院.
内閣府（2015）　障害者差別解消法リーフレット（わかりやすい版）
http://www8.cao.go.jp/shougai/suishin/pdf/sabekai_wakariyasui_p.pdf
でダウンロード可（閲覧日：2016年4月14日）.
堀正嗣（2014）「イギリスの障害児教育と障害学研究」堀正嗣監訳『ディスアビリティ現象の教育学』現代書館.

第7章

知的障がいのある子どもたちと災害

阪神・淡路大震災、東日本大震災、そして、2016年に起こった熊本県地震、そして南海トラフ地震も示唆されている状況があり、日本国内において災害は、いつ私たちの身に降りかかるかわからない状況になっている。
　災害によって生じる知的障がいのある子どもたちの支援は、社会との相互作用によって生じるディスアビリティと密接な関係がある。普段利用している地域資源が被害を受けている状況での災害時の障がいのある子どもたちへの支援体制は、普段からの地域住民との関係性に依拠する部分も予測されるからである。本章では、阪神・淡路大震災以降の被災した地域の防災教育を振り返るとともに、東日本大震災での地域で障がいのある子どもたちを支える取り組みについて、検討を加えていきたい。

❶ 阪神・淡路大震災と防災教育

　筆者は、阪神・淡路大震災での被災者であり、当時、ライフラインの止まった状態の生活や避難所での支援経験がある。
　以下は、筆者が阪神・淡路大震災時の様子を語りつぐように、被災した地域の子どもたちに送ったメッセージ（高橋、2009）である。

「子どもたちへ
　「がた　がた　がた…」と大きなゆれで目がさめました。見ると部屋の電灯が大きくゆれています。
　「何だろう。」と考えていると突然「どーん」とつきあげるように部屋の形が変わりました。「がっしゃーん」と部屋中のテレビも食器もくずれおちました。あちらこちらでサイレンの音がきこえてきます。電気も電話もつうじませんでした。
　恐る恐る高台にあった家から外に出てみると、芦屋や東灘区のあちらこちらから、火や煙が上がっていました。町全体が戦争の後のようにめちゃくちゃになっていました。
　お店もつぶれてしまって食べ物も買えなかったし、ガスも水道もとまってしまっ

て、ごはんを作ったり、お風呂にも入れませんでした。歩いて仕事に行きました。途中で家がくずれて道をふさいでいました。学校は避難所になったので、教室を家がわりにしている人たちのお世話をしました。食べ物や水を配ったり、学校に泊まって保健室のベッドで寝たりしました。
　今、神戸の街はとてもきれいになりましたが、街がよみがえるまで、何年もかかりました。
　あの時経験した「街や人のために何かできることをしよう」という気持ちは変わりません。皆にも受けついでいきたいです。」

　1995年の阪神・淡路大震災以降、被災した兵庫県の学校教育の現場においては、「新たな防災教育」がなされてきた。「新たな防災教育」とは、災害から自らの生命を守るために必要な能力や態度を身につけたり、防災に関する意識の高揚を図ったりするなど、従来の安全教育に加えて、助け合いやボランティア精神など「共生」の心をはぐくみ、人間としての在り方生き方を考える教育の実践を目指すとともに、被災した児童生徒の心のケアに努める教育を総称したものである知識・理解を深める「知」、防災リテラシーを身につける「技」、人としての在り方、生き方を身につける「心」が重視されてきたのである。2005年には、さらに「新たな防災教育」として「知・技・心」の総合化、三位一体の展開が図られた。地域での災害や歴史、対策について学ぶ「知」、災害時に身を守り、備えの技術を身につける「技」、命を尊重しようとする心を育てる「心」について防災教育推進計画で総合的に指導の充実を図っていく必要が示されてきた（兵庫県教育委員会、2005）。
　阪神・淡路大震災では、大都市直下型で被害が地域的に集中した。一方、東日本大震災では被害が地域的に拡散し、津波や原子力発電所の2次被害も発生した。今後、①学校の立地する地域の地勢や住環境を踏まえた防災教育「技」と「心」、②児童・生徒の将来の生活を見据えた防災教育「知」、③「自分の命は自分で守るチカラの育成「知」と「技」が必要とされると

考えられる。

　しかし、障がいのある子どもにとっては、それぞれの特性が異なるため、上記の①～③以外に、個別の教育支援計画、個別の指導計画等において、本人を中心とした知的障がいのある子どもたちの生活全般にわたった災害時の支援計画が必要であると考えられる。

　2011年8月から、現在に至るまで、筆者らの研究グループは、東日本大震災の災害支援ボランティアとして、宮城県亘理町の放課後等デイサービス、岩沼市の放課後等デイサービス機関に赴いているが、以下では、その内容に言及していきたい。

❷ 避難所で生活できない知的障がいのある子どもたち

　宮城県亘理町の放課後等デイサービス機関、岩沼市の放課後等デイサービス機関等を運営する特定非営利活動法人理事長、高野氏[1]に、2011年8月にお話を伺った。この事業所では、知的障がいや発達障がいのある子どもたちも多く利用している。

　「震災当日、2時46分に、子どもたちが学校に行っている時に、地震が発生し、高台に即避難しました。その後、近くの小学校に避難しました。2メートル近く浸水し、小学校での引き渡しの際に、来ない保護者もいました。その時、来ない保護者は、仕事のため遅れた方と、津波のため、屋根の上で一晩過ごした保護者でした。その後、炊き出しをして過ごしていましたが、特に、障がいのある子どもたちは、余震に過敏となっていました。避難所に行っても、行動・情緒面において避難所で過ごせない障がいのある子どもがほとんどで、車を避難所代わりに使っている家族がいました。仮設住宅も壁が薄いために、大きな声を出すと過ごすことができません。　震災の1週間後に、スタッフも被災していましたが、再開しました。また、デイサービスの希望者も多く、行政では、一般的に一日の定員を10

名と定めていますが、震災直後は『可能な範囲受け入れるように』と言われていました。震災が落ち着いてきたからと言って、受け入れた利用者をお断りすることはできないので、この8月には、震災での被害もありましたが、以前より保護者から要望を受けていた岩沼市の児童デイサービス事業所を開設しました。それによって、保護者も安心して復興に向けて就労も可能となりました」と高野氏は語っておられた。また、「避難所で過ごせた障がいのある子どもは、数名であり、家族バラバラで生活する家庭もあった」という報告もされていた。

図7-1　震災で寸断された常磐線
（2011年　筆者撮影）

図7-2　津波で空洞となったコンビニエンスストア（2011年　筆者撮影）

❸ 横の「つながり」の重要性

　このような避難所や仮設住宅で暮らすことができない障がいのある子どもたちを「避難所」として学校を開放し、受け入れたのが宮城県内のα特別支援学校だったという。「α特別支援学校を『避難所』として、開放していただいた結果、家族も一緒に暮らせたり、障がいのある子どもさん、特に自閉症のあるお子さんが精神的に落ち着いたりする例もありました。また、学校・福祉・家庭が連携して、震災後の子どもたちの食の充実も図りました。子どもたちへの昼食の炊き出しもその例です。子ども安定して

生活を送ることができましたし、保護者も安心して就労することができました」と、高野さんは、語る。

しかしながら、このようなケースについては、組織的になされたわけではなく、α特別支援学校の所属長がたまたまニーズを知って、障がいのある子どもたちのために尽力したという経緯があったという。

高野氏は、普段からの「横のつながり」の重要性を指摘する。「普段から、横のつながり（交流）があれば、職員派遣も可能になる。突然知らない人に関わっていくことは困難である。また、支援が可能な団体等は、『自分たちの団体はこれが得意です』、『自分たちはこのようなことができるので来てください』といった自ら旗を立てる行為が必要だし、ネットワークを作っていくことが重要だと思います」と語っておられた。

❹ 障がいのある子どもは、普段からの経験の積み重ねが重要

自分の命は自分で守るチカラの育成「知」と「技」の重要性について、前述したが、高野氏は、また、次のように述べる。

「運営する2つの放課後等デイサービス事業所においては、普段から職員と子どもたち、また、子ども同士が手をつないで地域を散歩していました。このような体験の積み重ねは、災害時の子どもの避難にとって重要であると考えられます。今回の東日本大震災では、普段から行っている散歩で、地域のどの場所に何があるかを把握できていたし、障がいのある子どもは、どのスタッフとも手をつないで歩くことができたのが役に立ちました」という。

特に、知的障がいのある子どもは、なじみが薄い人と急に何かをしようとしても動くことができないことが多い。日常の支援においては、知的障がいが重度になれば、専門的・個別的な対応が中心となる傾向があるが、普段から地域住民との関係形成を促進し、緊急時には、誰とでも素早く一

緒に行動できる力も必要であるとも考えられる。

　中村（2012）は、「知的障がい者は、うまく指示が出されれば、助かる可能性は高くなる。自ら判断して行動することが難しいため、手を引いたり、動作で示すことによって避難しやすくなる。誰が指示を出すかがカギになる」「デイサービス事業所等にいた利用者は、職員の的確な指示で多くの人が避難できた。知的障がい者は、生活時間帯によって、生活を共にしている人が異なることが多いので、適切に判断できない人が一緒の場合、災害の状況に応じて避難ができるよう具体的な訓練を重ねて行うことが必要である」と示唆している。

⑤ 災害後の障がいのある子どもたちの支援体制の構築

　その後、高野氏は、宮城県沿岸部の放課後等デイサービスの運営以外にも、知的障がいをはじめとする障がいのある子どもたちへの地域資源を構築し、生活援助や雇用の創出も行ってきた。その内容は、表7－1の通りである。

表7－1　NPO法人幸創によって構築された支援体制

事業所の枠組	数・（　）は今後予定
児童発達支援・放課後等サービス事業所	2ヶ所
放課後等サービス事業所	4ヶ所
就労継続支援A型事業所	（1ヶ所）
就労継続支援B型事業所	2ヶ所（1ヶ所）
就労移行支援	1ヶ所（2ヶ所）
共同生活援助事業所	2ヶ所
短期入所事業所	2ヶ所
保養所施設	1ヶ所
生活介護	1ヶ所（1ヶ所）
相談支援	（1ヶ所）
民間連携型就労事業	1ヶ所

＊出典：特定非営利活動法人幸創　法人案内

高野氏は、知的障がいのある幼児から成人までの支援を目指しており、事業所間の運動会などのイベントでの交流、地元の食材を生かした飲食店や物産品の制作などを介した就労支援、知的障がいのある人のグループホームなど多様な事業を地元から立ち上げていったのである。

　阪神・淡路大震災の経験がある筆者が所属する研究グループと高野氏の事業所は、毎年、複数のメンバー間で音楽プログラム、遊びプログラム、人形劇等を通じて、交流を図り、復興の状況と今後の課題について確認してきた。その中では、「震災時直後の支援だけではなく、復興に向けては、被災地間の継続した交流や、情報交換の必要性」が示唆されている。

図7－3　ボランティア（当時小学生・兵庫県在住）による交流の様子を示したポスター

6 個別の教育支援計画での災害時の項目の必要性

　このような高野氏からのインタビュー内容や兵庫県の防災教育の変遷を総合的に勘案すると、障がいのある子どもを対象とした個別の教育支援計画、個別の指導計画等において、災害時の対応項目の検討と具体的な合理

的配慮の記入が必要であると考えられる。

　例えば、個別の教育支援計画や個別の指導計画に災害時における「合理的配慮」を記入しておくことは、支援をあらかじめ考えることで、重要であろうし、災害時において子どもたちが身につけたい力を個別の指導計画の目標設定とすることも今後は、必要であろう。例えば、「避難経路を知る」「担当の教員以外とも落ち着いて行動できる」「毛布や衣服の着脱を受け入れることができる」「水分摂取が必要な時に、相手に伝えることができる」などといった項目も目標として考えられる。また、人間関係の形成の視点としても高橋（2016）で示した「かかわり・つながり」リストの一部の項目も人間関係の形成の視点で、目標として活用ができよう。

❼ 災害時の知的障がいのある子どもたちとPerson-Centered Planning

　高野氏の教育支援活動を概観すると、支援者が自ら立ち上がって実践した障がいのある子どもたちを支える自治的活動であり、いつも関わっていたからこそ想定できた事業所の支援活動、個別訪問調査活動、就労支援活動、教育支援活動であろう。災害時には、地域において、障がいのある子どもたちを中心とした支援を考えていくことを実現可能にすることは、ひいては、地域社会の復興につながっていくものだろう。

　藤田・高橋（2011）によるとPerson-CenteredPlanning（以下、PCPと略記）は、1970年代前半より、北米において障がいのある人たちへの支援の質を向上させるためのアプローチとして定着してきた。アプローチの特徴としては、「本人中心のシステム」「個人の選択や選好を重視」「本人の積極的思考や、夢の重視」があげられるが、震災などの災害時に地域で知的障がいのある人を中心とした支援計画の構築[2]を実現するためには、次のような具体的事項が考えられる。

(1)知的障がいのある子どもたちの普段からの社会との関わりの重要性

　放課後等デイサービスでみられた震災前にどの職員とも手をつないで地域を散歩し、横のつながりを作り、地域を知っていく。これは社会性を身につけていく基礎づくりとして、重要である。

　支援者や、環境、支援の方法が同一でない場合、混乱する知的障がいのある子どもたちも少なくない。知的障がいのある子どもたちと支援者が共に、社会や環境に対して、普段から働きかけていくことや様々な人々と関わりやつながりをもつことは、大切であろう。高野氏によると、「『一緒に目的をもって活動を共有する』『一緒に感じあって共感する』『楽しいことやできたことを感じあう』ということが『共生』につながる」と述べている（図7-4）。

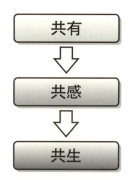

図7-4　「共有」から「共生」へ（高野氏のコメントより）

(2)災害時の地域資源の利用可能性

　災害時は地域資源が無になっていることも予測される。

　知的障がいのある子どもたちが利用可能な社会資源を創成していくことは重要であろう。例えば、宮城県亘理町における避難所にいられない子どもたちへの居場所提供をした高野氏の実践や障がいのある子どもたちに、学校を避難所として開放した α 特別支援学校は、限られた条件の中で、地

域資源を創出しているといえよう。

　Person-Centered-Planning研究会（藤田・篠原・高橋、2013）の調査によると、日中活動支援の要望が知的障がいのある人に多いことが個別訪問調査より明らかになった。その調査においては、「命を救うこと」のあとには、「生活へのバックアップ」「就労の場の確保」も必要であることが示唆された。人間には救命後の生活があり、それを支援していくことこそも「生きること」なのである。災害後の就労の場も工賃を得る為だけでなく営みの大切さとして重要な社会資源と考えられる。

(3) 知的障がいを考慮したリスクマネージメントの必要性

　災害時には、地域住民と協働して支援に当たる必要がある。知的障がいのある子どもたちに、地域住民が即座に「合理的配慮」を行えるとは限らない。家族が離散し、連絡が取れなくなった際に、障がいのある子どもたちをどのように支援していけばいいのか、関係する学校教育機関、社会教育機関は、普段からそれぞれのスクールクラスターにおいて、協議しておくことは今後必要であろう。特別支援学校は、「福祉避難所」として利用される可能性がある。広域から通学している知的障がいのある子どもたちも多くいる。しかしながら、筆者の経験によると、災害直後は、交通機関も寸断されている場合もあるため、在籍している特別支援学校が居住地の近隣ならいいが、離れている場合は、赴くことも困難なことが予測される。地域の学校との交流及び共同学習が継続的になされておれば、災害時の連携体制も確認可能かもしれない。身近な地域で安全に避難できることが一番大切なのである。

　このような意味で、知的障がいのある子どもたちの災害時の連携や各避難所の受け入れ態勢に関して、特別支援教育コーディネーターが果たす役割は大きいと考えられる。

　特に、知的障がいのある子どもたちは、緊急時や非常時において、不安

によるパニックや、それらに起因する体調不良も懸念される。平素から地域との関係形成の促進が重要であろう。

注
1) 特定非営利活動法人幸創　理事長、高野幸男氏には、本書における事例執筆の情報提供の協力に、ご承諾をいただいている。筆者らの研究グループとは、2011年から現在に至るまで現地における交流プログラムを続けている。
2) 毎日新聞、2011年12月24日付の報道によると、「東日本大震災の被害が最も多かった東北3県の沿岸部自治体で、身体、知的、精神の各障害者手帳の所持者に占める犠牲者の割合は約2％に上り、住民全体の死亡率に比べ2倍以上高かった」とされる。

● 引用・参考文献
高橋眞琴（2009）「子どもたちへ」神戸市・神戸市教育委員会「子どもたちへのメッセージ集2008～命の尊さと震災の教訓を語り継ぐ～」p.1.
高橋眞琴（2012）「個別の指導計画における『災害時に必要な力』の目標設定―被災地でのインタヴュー調査と「かかわり・つながりリスト」の項目の検討より―」日本特殊教育学会第50回大会論文集
高橋眞琴（2016）『重度・重複障がいのある子どもたちの人間関係の形成』ジアース教育新社.
中村雅彦著・社会福祉法人福島県社会福祉協議会協力（2012）『あと少しの支援があれば　東日本大震災障がい者の被災と避難の記録』ジアース教育新社、p.172.
Person-Centered-Planning研究会（藤田有希枝・篠原眞紀子・高橋眞琴）（2013）「東日本大震災での要援護者を取り巻く活動事例から学ぶ災害時におけるPCP（Person-Centered-Planning）：概念と事例検討の融合から導く個別の支援計画づくりへ」兵庫自治学第19巻.
兵庫県教育委員会（2006）「震災を超えて―教育の創造的復興10年と明日への歩み―」
藤田有希枝・高橋眞琴（2011）「Person-Centered-Planningの視点を活用した『個別の支援計画』の策定に関する研究」兵庫自治学会平成23年度研究発表大会論文集.

第8章

知的障がいのある幼児の発達支援
―家庭や地域での活動を手掛かりに―

前章では、震災時の知的障がいのある子どもたちの学校外での支援について触れたが、本章においては、学校に就学する前の知的障がいのある幼児の発達支援について考えていきたい。

❶ 知的障がいのある幼児の発達支援に際して

　有馬（2007、pp.22-23）によると知的障がいのある子どもの発達支援では、「楽しい活動で動機づけを行う」「何か伝える時は、一つずつ伝える」「一つのことを繰り返し教える」ことが重要であるとしている。植木（2009、p.38）は、知的発達に課題がある幼児の幼稚園や保育所の様子として、「身辺の自立ができていない」「みんなの中に入っていけない」「会話のやりとりができない」「ひとり遊びが多い、あそびがひろがらない」ことをあげ、「日々の幼稚園・保育園での生活リズムを丁寧につくりあげていくことが重要である」と述べている。

　高橋（2014、pp.135-136）は、知的障がいのある子どもの療育について、集団遊びに気持ちを向けることを促すために、床に布やマットを敷くことは、「子どもが自分の居場所として視覚的に確認しやすいだけではなく、触覚にもはたらきかけ、子どもがその手触りや身体への反発力で、心地よくその場に座り続けることを助ける」としている。また、自ら主体的に自信をもってできる活動の重要性を説いている（高橋、2014、p.138）。

　J.ウイニック（1992、pp.202-203）は、知的障がいのある子どもたちが興味をもつ活動として、水泳、つり、ハイキング、トランポリン、ダンス、リズム、バドミントン、卓球、テニス、ボーリング等をあげている。そして、「これらの活動には、微細な協応性、相互依存、または集団内の協調や、成功間の達成など発達的に重要な様子が含まれている」（J.ウイニック、1992、p.203）と述べている。

❷ 知的障がいのある子どもとのコミュニケーションについて

　知的障がいのある幼児をはじめとして、子どもたちとコミュニケーションをとる際には、一般的に、筆者の経験上、以下の内容に留意する必要があると考えられる。

(1) **本人の生活年齢に応じた接し方・ことばかけをする。**
　知的障がいのある子どもたちの名前を呼ぶ際に、幼児の場合はよいが、生活年齢が上がっても発達の状況に大きく変化がない場合には、そのまま、名前に「ちゃん」をつけて呼ぶ場合も散見される。中学部、高等部に進級するにつれて、名前の呼び方など留意が必要であろう。子どもたちは言語に表出しなくても、周囲の雰囲気を感じ取っているものである。知的障がいがあることを前提に、生活年齢に応じた接し方をしないことは、子どもを'disabling'（無力化）する原因にもつながる。

(2) **必ず本人の意思を確認する（自己選択・自己決定）**
　幼児を含め、特に、言語での表現が苦手な子どもたちの場合、本人の意思について、ことばが出にくい状況もあり、急ぐばかりに周囲の支援者や教員、家族が思わず「代弁」する場合がある。どのように、本人に対する「意思表示の尊重」を尊重していくかついては、本書が知的障がい教育と社会モデルとの関連を議論していることからも重要なコンセプトとなる。

(3) **コミュニケーションをとる際の環境設定**
　コミュニケーションをとる際に、音声言語以外にも、会話で出現する事物の概念について、絵や写真を示しながら伝えることで、相互に理解を行いやすくなる。会話をする際には、本人が理解しやすい速度で、一つの文章について、長くならないように留意することが必要であろう。

質問を行う際についても、答えやすいように、二者択一などを用いる場合が多い。いわゆるクローズド・クエスチョンである。例えば、「夏休みは、何をして過ごしますか」というオープン・クエスチョンの形式より、「夏休みは、キャンプに行きたいですか、キャンプに行きたくありませんか」といったクローズド・クエスチョンの形式の方が知的障がいのある子どもたちは、答えやすいことが予測されるが、どうしても教員や支援者の意向も含まれるため、さらなる研究が必要であろう。

❸ 知的障がいのある幼児の子育てに関して

　例えば、知的障がいでも、出生時早期に発見される染色体の変異に起因する知的障がいと子育ての過程で判明する自閉症では、保護者の子育ての姿勢が異なるといわれる。例えば、中垣他（2009、pp.15-19）は、ダウン症のある子どもの保護者の心情について言及しているが、出産後間もない診断により、心の準備も十分でないうちから、育児を始めなくてはならないことを示唆している。筆者による聞き取りでは、ダウン症のある子どもの保護者にとって心の支えとなったものとして、出生時以降の保健師による定期的な訪問や学齢期以降も含めた社会資源の紹介があげられ、相談できる場の重要性が示唆されていた。

　第5章においては、知的障がいのあり、自閉症の雅成さんの保護者である中村さんのナラティブを検討したが、知的障がいのある子どもたちの場合、コミュニケーションがとりにくいことが示唆されている。厚生労働省（2013）の「子ども虐待対応の手引き」では「虐待を受けている子どもの中には、しばしば『扱いにくい子』と保護者から見られている子どもがいる。人の言うことが正確に理解できず、場面にふさわしい行動がとれない、落ち着きがなく多動、人への関心が乏しいと保護者が『扱いにくい子』と感じているのである。このような子どもには、知的発達に遅れやアンバラ

ンスがみられることがある」厚生労働省（2013、p.127）と述べられている。上記の『扱いにくい子』の特徴をみると社会生活上で生じている行動であることが理解できる。

したがって、このような知的障がいのある子どもたちの「子育て上の課題」や「虐待」という事象は、子どもたちを育てている家庭だけの問題ではなく、「こどもを育てにくい」社会の問題でもある。つまり、社会との相互作用によって生じる障壁であり、「地域や社会で子育てを支える」という姿勢が重要であろう。そこで、本章においては、家庭や地域での活動を手掛かりに、知的障害のある幼児の発達支援について、考えていきたい。

❹ 家庭での知的障がいのあるお子さんの発達支援の取り組み

ここでは、第5章で紹介した知的障がいで自閉症もある雅成さんの保護者である中村さんにご協力をいただいた。中村さんがこれまで家庭で行ってきた実践事例について紹介することで、家庭や学校園における知的障がいのある幼児の発達支援の手がかりになればと考える。

⑴ 家庭での支援の基本コンセプト

1）視覚支援

知的障がいでも子どもによって、特性が異なる場合もあるが、聴覚より、視覚優位である場合、視覚支援によって、自分自身でできることが増加し、日々の生活の中で「達成感」を感じることができるのである。たとえば、1日の予定をスケジュールボードに示すことなどである。

2）構造化（スケジュール等の提示）

自閉症もある子どもたちは認知の問題により不安の中で暮らしているので、見通しをつけてあげれば安定して過ごすことができる。また、「いつ、

どこで、何を、どのように、どれくらい」を本人にわかりやすい方法（実物・写真・文字）で伝える。

こちらからの一方的な押し付けではなく、楽しい余暇活動などの「選択肢」を作ることが重要である。また、「拒否」も含め自分の気持ちを伝えてもよいことを教えていく。スケジュールに慣れてきたら、「予定変更」（中止や順番の変更）を示して、対応できるように練習していく。

特に、「○○ができるようになる」という社会適応主義的な発想ではなく、必要以上にこだわらず、外の世界で精一杯頑張って過ごして帰宅してきた知的障がいのある子どもたちが家庭で、十分リラックスできることが重要であろう。

(2) 発達支援グッズの活用

発達支援グッズとしては、100円均一ショップの活用が考えられる。有効アイテムには、スケジュールを示すための「ホワイトボード」「マグネット」、手順カードをつけたりはずしたりできる「マジックテープ」、カードを小分けにできる「ファイル」、概念形成のための絵と文字を描いた「リングカード」などがあげられる（図8-1、8-2、8-3、8-4）。

知的障がいのある子どもたちは、これまでの成功体験の少なさより自己肯定感が低下していることが考えられる。また、一般的な遊具を用いても、保護者の期待に沿った期待どおりの行動をするかどうかわからないため、何がヒットするかわからない。そのため、100円均一ショップはアイデアの宝庫であるし、言語聴覚士、理学療法士などの専門職も自作教材に活用している。手先の微細運動に問題があっても使用できて、何回もやり直せるものが最適であるといえる。

第8章　知的障がいのある幼児の発達支援

図8－1　ホワイトボードの活用例

図8－2　マジックテープの利用例

図8－3　リングカード　　　　図8－4　ファイル

(3)家庭における支援方法の紹介
　ここでは、家庭で知的障がい（自閉症）のあるお子さんに対する支援の実例について、取り上げていく。

1）玄関（リングのついた靴、足型）
　図8－5は、かかとにリングがついた靴である。手指の微細運動を要する靴の着脱を補助する。図8－6は、玄関の靴の置き場を示す足型である。

　　図8－5　リングのついた靴　　　　図8－6　玄関の足型

2）風呂場・洗面所

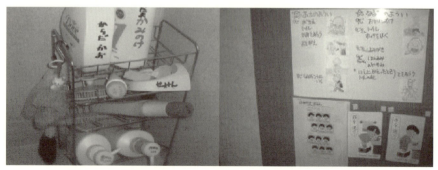

　　図8－7　風呂場　　　　　　　　図8－8　洗面所
　　名称が書かれたボトル　　　　　　朝・就寝時の用意や歯磨きの手順

図8－7は、風呂場に置かれた名称と用途が書かれたボトルである。このように名称を書くことで、どの場面で用いるのかわかりやすくなる。

図8－8は、朝や就寝時の用意や歯磨きの手順が書かれた表が貼られた洗面所である。このように、手順を繰り返すことで、日常生活習慣も定着してくるのである。

3）トイレ

　　図8－9　　　　　図8－10　　　　　図8－11
　トイレの手順　　　おしりふき　　　　　手鏡

図8－9は、トイレの手順表が貼られたトイレである。
図8－10は、おしりふき、図8－11は、手鏡である。

4）机回りと時間割システム

　図8－12　机回り　　　図8－13　ランドセル置き場

図8－12は、学校の準備物がおかれた机回りである。スケジュールも横に示され、わかりやすくなっている。図8－13は、ランドセル置き場である。

図8－14　　　　　　　　　　　図8－15
教科別に色分けされたドキュメントスタンド

　図8－14、図8－15は、教科別に色分けされたドキュメントスタンドである。最初は、色とひらがな表示で弁別していたが、漢字表示に移行することが可能となっている。

 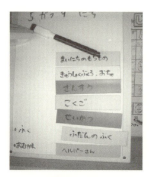

図8－16　　　　　　　　　　図8－17
色分けされた学校時間割　　　学校の持ち物を示すホワイトボード

図8−16は、色分けされた学校の時間割表、図8−17は、学校への持ち物を示すホワイトボードである。自分で学校への持ち物を準備することが可能となっている。

5）家庭内の様々な表示

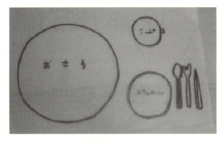
図8−18

図8−19

テーブルに示された食器等を置く位置

図8−18、図8−19は、テーブルに示された食器等を置く位置である。自分で食器を正しくテーブルに置くことが可能となっている。

図8−20
写真カード入れ

図8−21
トークンエコノミーを示すホワイトボード
（一定時間内に遂行する内容とマグネット）

図8-20は、視覚支援のための写真カード入れ、図8-21は、トークンエコノミーを示すホワイトボード（一定時間内に遂行する内容とマグネット）である。

図8-22

図8-23

ドアに示した表示

図8-22、図8-23は、ドアに示した開閉の表示である。実際に行為を行う場所に表示されていることで、理解を促している。

図8-24　外出用携帯スケジュール

第8章　知的障がいのある幼児の発達支援

図8-24は、外出用携帯スケジュールである。ネームホルダーにスケジュールが書かれたカードが収納されている。

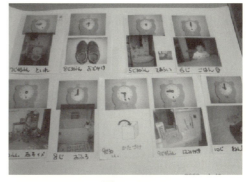

図8-25　　　　　　　　　　　図8-26
時刻（アナログ）と生活上行う行為を一致させた表

図8-25、図8-26は、時刻（アナログ）と生活上行う行為を一致させた表である。何時に何をするかがわかるようになっている。

図8-27　　　　図8-28　　　　　　　図8-29
　　　カレンダーシステム　　　　　　タイマー

図8-27、図8-28は、カレンダーのシステムである。カラーテープに書かれた毎日のその日の予定が色分けされ貼付されている。予定が終われ

171

ば、スタンプを押すようになっている。図8－29は、タイマーである。

(4) プロフィールノート（サポートブック）について
　外出時、託児時に（初めて）接する人に対象児童の特性や接し方についての情報を示すノート及びファイルを意味する。
　支援者が替わっても同様の対応ができるため対象児童の情緒も安定し、保護者も安心して子どもを任せることができる。
　幼稚園・保育園の担任や就学時、進級で担任が替わった時の説明など幅広く使用可能されている。
　中村さんの場合、記入内容は、自閉症の概念の説明や、名前、連絡先、コミュニケーションのとり方、こだわりやパニック及びその対応、好き嫌い及び注意点（遊び、食事）、トイレ、着替え、お風呂、これまで起こった特筆すべきエピソードなどを記入している。成長に合わせて改訂していくことが重要といえる。

　　図8－30　　　　　　　　　　図8－31
　　　　　　サポートブック

(5) コミュニケーションノートについて
　本人の要求及び保護者やガイドからの問いかけ等のコミュニケーション

の補助に使用する。感情など言葉にできにくいものもカードで表すことができる。幼児の場合は写真カードなどから作成していく。

図8-32

図8-33

コミュニケーションノート

図8-34　保育園での再現例

図8-34は、家庭での実践を保育園と連携して、再現した状況である。このように、保育園でも再現いただくことで、生活上の困難も軽減された。

(6) 社会成員に考えてほしいこと

　本章においては、中村さんの協力を得て、自閉症のある幼児の家庭での

発達支援について、検討を加えた。地域の人々や学校園の教職員、支援者に今後考えてほしいことは、以下の内容である。

1）励ましより同じペースでの歩みを大切に
　自閉症のある子どもや保護者が直面しているディスアビリティを理解して、励ますのではなく、少しの間だけでもいいので同じペースで歩いてほしい。

2）「いいところ」のフィードバックを
　自閉症のある子どもの保護者は育てるのに精一杯である。自閉症のある子どもの「いいところ」が見えにくくなっているので、本人のいいところやちょっとした成長を見つけてフィードバックしてもらえるととても嬉しい。

3）周囲から大切にされている実感をもてる働きかけを
　地域でのことばかけや活動などを通して、自閉症のある子どもが「周囲から大切にされている実感」つまり「自己肯定感」を醸成する手助けをしてほしい。

4）行動の背景を考える
　自閉症のある子どもにこだわり、パニック、問題が起こった場合は、その行動の背景をじっくり考えてほしい。

5）その子の強みを生かしたサインの提示を
　自閉症のある子どもに関わる際には、子どもをよく観察して、その子の強みを生かしたサインの提示や環境設定をしてほしい。
　また、子どもの受け入れ状況をみて、適宜、環境調整をしてほしい。

「地域でできる」発達支援プログラム　事例①
さつまいも掘りとクッキングを組み合わせたプログラム

　秋になると知的障がいのある子どもたちや地域の子どもたち、保護者、地域住民が一緒になってさつまいも掘りを楽しむことが多い。農園でのおいも掘りを、土や植物に触れることで、五感を働かせた体験ができ、障害のあるお子さんも工夫することで、さつまいものつるを引いたり、収穫したさつまいもに触れて、感情を表現することができる。収穫したさつまいもは、参加者で一緒に調理することで、楽しみながら生活上のスキルを高めることができる。

期待される効果

○障がいの有無にかかわらず、子どもたちや保護者、地域の人、支援者が一緒に野外で楽しむことができる。
○収穫したさつまいもをみんなで一緒に調理することで、生活上のスキルを高め、食育の学習にもつながる。
○野外の活動を取り入れることで、土や植物に触れ、五感を働かせた体験ができる。
○複数の障がい種のある子どもたちも、収穫する際に工夫することで、一緒に楽しむことができる。
○子どもたちの土や植物に触れた際の様子を観察することで、感覚に関するアセスメントとしても活用できる。

注意点

○野外の活動となるので、熱中症やさつまいも堀りの際の足場など安全に注意する。こまめな水分補給を心掛ける。
○クッキングの際には、調理器具や手指の消毒などの衛生面に配慮する。

また、オーブントースターや調理器具を用いるので、怪我ややけどに注意する。

❋ 農園等でのさつまいも堀り

農園でのさつまいも堀りでは、事前に次のような準備や工夫が考えられる。
- ☑子どもたちが自分が掘る位置がわかるように、平巻きテープなどで株毎に区切りを示しておく。
- ☑子どもたちでも株を引きぬきやすいように、事前にさつまいもの根元をスコップで耕し、掘りやすいようにしておく。

図8－35　さつまいもの株の区切り

図8－36　持ち手つきさつまいも

- ☑子どもたち各自用の軍手やスコップ等を用意しておく。また、座位を取る子どものためにブルーシートなどを活用する。
- ☑子どもたちが自分で収穫したさつまいもを入れることができるように各自用のビニール袋などを用意しておく。
- ☑肢体不自由（重複障がい）のある子どもも持ちやすいように、持ち手のついた平巻きテープやひもなどをさつまいもの茎に事前にくくりつけておく。

第8章　知的障がいのある幼児の発達支援

☑ 子どもたち各自用の軍手やスコップ等を用意しておく。また、座位を取る子どものためにブルーシートなどを活用する。
☑ 子どもたちが自分で収穫したさつまいもを入れることができるように各自用のビニール袋などを用意しておく。

❋ さつまいもを掘る際

☑ 障がいのある子どもも、周囲の様子を見ながら、楽しみながら一緒に掘ることができる場面が多く見られたため、支援者は必要に応じて、声かけや援助を行う。

図8-37　さつまいも掘りの様子

☑ 自閉的な傾向のある子どもには、ミニホワイトボードに手順を書き、内容を示しながら終了した項目を順番に消していく方法が考えられる。
☑ 土などの感覚過敏がある子どもたちには様子を見守りながら、活動を勧める。
☑ 肢体不自由（重複障がい）のある子どもがさつまいも掘りを行う際には、車椅子から茎にくくりつけた持ち手の付いた紐を引く方法と、一人の支援者が子どもを抱きかかえて、もう一人の支援者が手指を支援する方法

が考えられる。

❋ さつまいもを掘ったあと

☑収穫した後に、自分の収穫したさつまいもの大きさや重さや形を手で触って確認してみる。友達のものと比べてみても楽しい。
☑本来なら、数時間、畝において日光に当てることが望ましいが、自分で掘ったさつまいもを自分のビニール袋に入れる。自分で、事前にビニール袋に名前を書いたり、目印をつけたりしておく。
☑掘ったさつまいもは、次週のクッキングに使うことを伝える。土を落とし、新聞紙にくるみ、冷暗所に置いて寝かせておく。

❋ さつまいもを使ったクッキング

　前週のプログラムで掘ったさつまいもを次の週にクッキングを行って味わう。クッキングを行う前に、障がいのある子どもたちも活動に参加しやすいように事前に次のような①②の下準備をしておき、③以降は、子どもと支援者が一緒に行う方法もある。
①保存してあったさつまいもを洗い、皮をむき、水にさらす。
②水にさらしたさつまいもを鍋でゆでる。ゆであがったさつまいもは、複数のボールに均等に分けて入れておく。
③②が準備できたらば子どもたちが登場する。ボールごとに分かれて、同時進行でクッキングの体験を行う。材料が熱いうちにバター、卵黄、グラニュー糖、牛乳、バニラエッセンスを加え、子どもたちがへらなどでなめらかになるまで混ぜる。

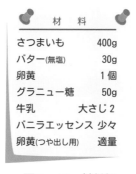

図8-38　材料例

④子どもたちがスプーンを使って、アルミカップになめらかになったさつまいもを分け入れる。
⑤子どもたちがアルミカップに入ったスイートポテトの表面につや出し用の卵黄をはけで塗る。
⑥大人があらかじめ温めてあるオーブントースターにスイートポテトを入れ、約7分間焼く。（うすい焦げ目がつく程度）
⑦大人がスイートポテトをオーブントースターから取り出し、子どもたちがみんなのいるテーブルに運ぶ。
⑧材料費は、参加者で人数割りをして小銭（30円など）を箱などを使って子どもたちが集める。

プログラムを行った際の子どもたちの様子

○さつまいも掘りでは、障がいのある子どももない子どもも活動に集中する様子が見られた。障がいのない子どもが障害のある子どもの手助けをする場面もあった。
○さつまいもの大きさに感動する子どもが多かった。
○肢体不自由のある子どもが、さつまいもを持ち手のついたひもで引きぬ

いた際には、笑顔が出ることが多かった。
○さつまいも掘りでは、知的障害のある子どもや、発達障がいのある子どもも周囲の様子を見ながら、楽しみながら活動に参加する場面が多かった。
○クッキングの際には、子どもたちが率先して、ボールにあるさつまいもを混ぜようとしていた。
○オーブントースターのスィートポテトの焼け具合をのぞきにくる知的障がいのある子どもたちが多かった。
○子どもたちが自発的に、焼けたスイートポテトをテーブルまで運ぶ姿が見られた。
○30円と書かれた箱を参加者に示して、お金を集めてくれる子どもがいた。
○スイートポテトづくりでは、乳幼児を連れた利用者も活動に参加し、乳幼児も一緒に試食することができた。

〈表〉プログラム活動例

内容 (第1週)	ねらい	特性に応じた 子どもの目標例	留意点	準備物
1 さつまいも掘りの説明	・プログラム実践者の説明を聞く。	・プログラム実践者の方へ視線を向ける。 ・座って静かに説明を聞く。 ・スコップ、軍手、ビニール袋を受け取る。 ・自分の掘る位置に移動する。 ・平巻テープの区切りに視線を向ける。 ・手順の書かれたミニホワイトボードを見ながら説明を聞く。	・畑の中の移動のため、安全に十分留意する。 ・熱中症やけがなどに注意し、適宜水分補充を行う。	・スコップ ・軍手 ・ビニール袋 ・ブルーシート
2 さつまいもを掘ってみよう。	・自分の分のさつまいもを道具を使って掘る。 ・支援を受けて、さつまいもを掘る。	・自分の掘る位置を理解し、さつまいもをスコップなどの道具を使って掘る。 ・さつまいもの茎にくくりつけてある持ち手の付いたひもを引くことで、さつまいもを引き抜く。 ・掘ったさつまいもを手にして、感触を味わう。	・畑の中の移動のため、安全に十分留意する。 ・熱中症やけがなどに注意し、適宜水分補給を行う。 ・さつまいもをひもで抜く際、強く引きすぎると茎が切れる場合があるので、できるだけ根元にひもを結ぶのが望ましい。	・スコップ ・軍手 ・ビニール袋 ・ブルーシート ・ひも
3 収穫したさつまいもを見てみよう。	・収穫したさつまいもを友だちといっしょに見比べる。 ・自分で持ち帰るさつまいもを袋に入れる。	・収穫したさつまいもを友だちといっしょに見比べてみる。 ・さつまいもの大きさを友だちのものと比べ、「大きい」「小さい」などの言葉で伝えることができる。 ・自分で持ち帰るさつまいもを袋に入れる。 ・手にせっけんをつけ、水道水で洗う。 ・道具を所定の場所に返すことができる。 ・持ち帰ったさつまいもの土を落とし、支援を受けて、新聞紙で包む。	・さつまいもは、数時間、日光に当てるほうがよいが、時間に応じて検討する。 ・畑の中の移動のため、安全に十分留意する。 ・活動後には、手洗いをしっかり行う。	・ビニール袋 ・軍手 ・新聞紙（保存用） ・せっけん ・手指消毒薬

内容 （第2週）	ねらい	特性に応じた 子どもの目標例	留意点	準備物
1 クッキングの説明	・プログラム実践者の説明を聞く。	・プログラム実践者の方へ視線を向ける。 ・座って静かに説明を聞く。 ・道具や材料に視線を向ける。 ・手順の書かれた黒板を見ながら説明を聞く。 ・「さつまいも」「砂糖」「バター」など、言葉で材料を伝えることができる。	・本プログラムでは、下準備をしているが、キッチンがあり、余裕がある際には、さつまいもの皮をむいたり、軽量したりすることから行ってもよい。	・レシピの材料（図） ・せっけん ・手指消毒薬 ・ボウル ・はけ ・へら ・スプーン
2 スイートポテトづくり	・クッキングの活動に参加する。	・材料をへらなどでなめらかになるまで混ぜる。 ・支援者と一緒に材料を計量する。 ・子どもたちがスプーンを使って、アルミカップになめらになったさつまいもを分け入れる。 ・子どもたちがアルミカップに入ったスイートポテトの表面につや出し用の卵黄をはけで塗る。 ・スイートポテトを皿にのせる。 ・スイートポテトをテーブルに運ぶ。	・材料が熱いうちにバター、卵黄、グラニュー糖、牛乳、バニラエッセンスを加える。 ・オーブントースターを使う際は、子どもたちがやけどしないように注意する。	・レシピの材料（図） ・ボウル ・はけ ・へら ・スプーン ・オーブントースター ・ミトン ・皿
3 スイートポテトの試食	・スイートポテトを試食してみる。	・収穫したさつまいもからスイートポテトができていることを理解する。 ・試食した際に、感情を表情や発生で伝える。 ・30円と書かれた箱を参加者に示して、お金を集める。	・食物アレルギーのある子どもの有無について、事前に把握しておく。 ・誤嚥などにも注意する。	

「地域でできる」発達支援プログラム　事例②
積み木やブロックを使った遊びプログラム

　ブロックや積み木は、自分のペースで遊ぶことができるので、障害のある子どもにはぴったりである。図に示す複数の種類の積み木やブロック手作りのもので、地域の方や団体から寄贈されたものだ。

期待される効果

○障害の有無にかかわらず、子どもたちや保護者、地域の人、支援者が一緒に楽しむことができる。
○個人での遊び、ペアでの遊び、集団での遊びと遊びのバリエーションが多い。
○参加者がお互いコミュニケーションをとりながら自由に遊ぶことができる。
○自由な姿勢で思い思いに活動を楽しむことができる。
○子どもたちが作った作品として、鑑賞することができる。
○順番を待つ、他者へ渡す、使った積み木やブロックを片づけるなどの社会的スキルにつながる。
○子どもたちの手指の使い方やブロックの組み方などを観察することで、遊びを介したアセスメントとしても活用できる。

注意点

○ブロックや積み木を用いる場合、子どもたちが他の参加者に投げたりしないように安全に注意する。
○子どもたちが作った作品が壊れたりすると心理的に不安定になる場合があるので、周囲に配慮しながら遊ぶのが望ましい。
　積み木やブロックを用いた、子どもたちの遊び方の様子を紹介する。

◆U字型ブロック（図8-39）
　でこぼこしているため、すべりにくく、手になじみやすい。乳幼児や肢体不自由のある子どもたちが引っ張って外して遊ぶことが多い。何度も集中して取り組んでいる。

図8-39　U字型ブロック

図8-40　積木（複数形状）

◆積み木（複数形状）（図8-40）
　家や建物をイメージしながら積むことが多い。箱の底に形状図が描かれており、そのとおりに入れると片づけができるようになっている。
◆積み木（直方体）
　子どもたちが一緒になって、倒れないように順番に積んでいくことが多い。積まれた積み木に対して興味をもち、倒すのを楽しむ子どもたちもいる。
◆ブロック（小枝と立方体・球体の組み合わせ）（図8-41）
　近隣の植物園の廃材を用いた手作りブロックである。それぞれのパーツに突起とホールがあり、相互に差し込むことで、さまざまなオブジェを作ることができる。幼児から小・中学生まで楽しんで制作を行っている。

第8章　知的障がいのある幼児の発達支援

図8-41　ブロック
（小枝と立方体・球体の組み合わせ）

図8-42　ブロック
（磁石でジョイント）

◆ブロック（磁石でジョイント）（図8-42）
　磁石でパーツがジョイントするブロックである。施行錯誤しながら組み合わせを楽しんでいる。ブロックを離したり、近づけたりして磁石の性質に気づく場面が見られる。

◆ブロック（大型）
　30〜70cm程度の大きさの重みのある大型ブロックである。子どもたちが両手で持って移動させるのを楽しんでいる。

◆ブロック（ジョイント部あり）
　関節のようなジョイント部のブロックである。発達障害や知的障害のある子どもたちに人気で、パーツ数や色の組み合わせに個性を発揮して集中して制作している。
　図8-43左は、知的障害（自閉症）の生徒が制作したドラゴンであるが、左右の対称、パーツ数、足の部分の色の組み合わせの正確さなどで個性を発揮している。

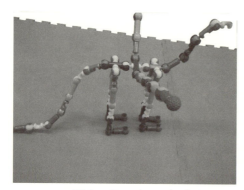

図8-43　ブロック（ジョイント部あり）

◆手作りの板状の積み木
　図8-44は、四角形の積み方であるが、三角形の積み方もある。交互に板を積んでいくことで、形を意識することができる。

図8-44　手作りの板状の積み木の四角形の積み方

第 8 章　知的障がいのある幼児の発達支援

◆二人で相互に積んでいく

　図 8 −45 は、発達障がいのある生徒と支援者が交互に積んでいった積み木の様子である。天井近くまで高く積み上げることができた。

図 8 −45　二人で交互に積んでいく

◆子どもの周囲に支援者が板状の積み木を積んでいく（図 8 −46）

　このような積み方の工夫で、障害のある子どもがボディイメージをもつことができる。板状の積み木を「かまくら」や「家」のように、友だち同士で積んでみる。一緒に中に入って遊んだりする。

図 8 −46　家状に積まれた積木

❋ プログラムを行った際の子どもたちの様子

○発達障害のある子どもと知的障害のある成人とが交互に板状の積み木を積み上げていた。

○発達障害のある子どもたちが、ジョイント部のあるブロックで大きな輪を作り、身体にかける場面が多く見られた。

○発達障害のある子どもたちがジョイント部のあるブロックで制作したものをお互いに再現して作ろうとする場面が見られた。

○積み木やブロックを用いた際には、障害のある子どもや乳幼児、地域の学齢期の子どもたちがお互いにやりとりをする場面が多く見られた。

注）本章で取り上げた実践事例集は、高橋眞琴（2013）の『実践障害児教育』学研教育出版で連載された「キラキラ遊び活動プログラム」に編集を加えたものである。

● 引用・参考文献
有馬正高（2007）『知的障害のことがよくわかる本』講談社.
植木克美（2009）「障害児保育の対象とその特徴」民秋言・小田豊・栃尾勲・無藤隆（2009）『新　保育ライブラリ　保育の内容・方法を知る　障害児保育』北大路書房、p.38.
厚生労働省雇用均等・児童家庭局総務課（2013）「子ども虐待対応の手引き（平成25年8月　改正版）」
小林芳文（1992）「精神遅滞、情緒‐行動障害、学習障害とムーブメント活動」J. ウイニック著、小林芳文・永松裕希・七木田敦・宮原資英訳『子どもの発達と運動教育　ムーブメント活動による発達促進と障害児の体育』大修館書店.
中垣紀子・間定尚子・山田裕子・石黒士雄（2009）「ダウン症児を受容する母親に関する調査（1）」『日本赤十字豊田看護大学紀要』第4巻第1号pp.15—19.
高橋真保子（2014）「知的障害の重い子どもの発達と療育」堺市社会福祉事業団職員集団・高橋真保子・白石正久編『「この子の願いをわかりたい」からはじまる療育　堺市児童発達支援支援センター5園の実践』かもがわ出版

第 9 章

知的障がいのある人と
生涯学習支援

第5章で概観したように、セルフ・アドボカシーというのは、知的障がいのある人たちが、自分たち自身の権利を擁護する運動であった。これまで、知的障がいのある人たちは、理解力、判断力、表現力に困難があると捉えられ、学習の機会も制約を受けてきた。このような「制約」も社会によってもたらされるディスアビリティ（障壁）であろう。
　ここでは、知的障がいと生涯学習支援のこれまでの取り組みについて、整理するとともに、それらのうちの具体的な実践事例について、紹介したい。

1 知的障がいのある人と生涯学習

　日本においては、2014年に「障害者の権利に関する条約」に批准した。第24条の「教育」の第1項においては、「締約国は、この権利を差別なしに、かつ、機会の均等を基礎として実現するため、障害者を包容するあらゆる段階の教育制度及び生涯学習を確保する。」と定められている。教育基本法　第3条　生涯学習の理念においても、「国民一人一人が、自己の人格を磨き、豊かな人生を送ることができるよう、その生涯にわたって、あらゆる機会に、あらゆる場所において学習することができ、その成果を適切に生かすことのできる社会の実現が図られなければならない。」とされている。」2008年中央教育審議会答申「新しい時代を切り拓く生涯学習の振興方策について」においても、「知識や技能のみならず、自ら課題を見つけ考える力、柔軟な思考力、身に付けた知識や技能を活用して複雑な課題を解決する力及び他者との関係を築く力等、豊かな人間性を含む総合的な「知」が必要となる」と述べられている。知的障がいのある人々の生涯学習の機会についても、私たち社会成員は、考えていかなければならない。知的障がいのある人の「生涯学習」についての課題では、上野（2011、p.64）が「ケアは与え手と受け手の相互行為とはいえ、決して互酬的でも

対等な交換でもない。互酬性をもたない交換は、その与え手と受け手とのあいだに債権・債権関係を発生させる。その結果、社会的にはケアの与え手よりは受け手のほうが弱者となる。」と述べるように、知的障がいのある人と社会成員とが「対等な関係性」になりにくい部分がある。

つまり、西村（2014、p.122）が述べるように、「支援者なしで話し合いができる知的障害のある人たちは、参加者のほんの一握りであり、本人活動に参加している大部分の人たちは、何らかの支援がなければ、発言するどころか、理解することすら難しい状況にある」ためである。このような、学習上の課題は、生涯学習のプログラムや実践方法の工夫が必要であろう。

❷ 知的障がいのある人の生涯学習支援の取り組みの経緯

(1) 障害者青年学級

知的障がいのある人の生涯学習支援の取り組みは、1960年代の障害者青年学級の取り組みに見られる。この取り組みは、東京都墨田区の社会教育課の主導で行われ、「すみだ教室」が1964年にスタートした（津田、2006、pp.90-91）。現在も活動がつづけられており、「年19回、第1日曜日・第3日曜日に社会生活のルールやエチケット等社会人として必要なことを学び、調理、スポーツ、音楽、社会見学等のグループ活動や他区との交流、宿泊研修も実施」（墨田区、2016）している。

対象者には、条件があり、「中学校の特別支援学級や特別支援学校を卒業した知的障害のある人」で、「墨田区内在住又は在勤」「医療管理や介護を必要としない」「団体行動がとれる」「ひとりで会場まで往復できる」「全日程参加できる」「愛の手帳3度～4度程度」「65歳以下」の7つの項目が条件となっている。

(2)「オープンカレッジ」「公開講座」の取り組み

　1995年には、東京学芸大学が公開講座として、「自分を知り、社会を学ぶ」として、開講されたのが初めてといわれる。(平井、2007、p.188)。この講座では、「『勉強がしたい』という学びの欲求を喚起されたと同時に、講座を受講することによって『趣味を広げ余暇を利用する』ことを学んだことで『交際の広がり』がもたらされたことが明らかになった」(平井、2007、p.190)とされる。

　拓殖大学北海道短期大学では、知的障がい者施設の利用者を対象にして、「落ち葉でアート」「音楽で変身しよう」などの「にじいろキャンパス」(淀野・永須・竹内、2012、p.103)を実施した。その結果、「生活様式などが異なるもの同士が、同じ時間と空間を共有し、『共に学ぶ』という実践の中に、『学び』の契機がある」と示唆する(淀野・永須・竹内、2012、p.110)。

　東北大学においては、「杜のまなびや」を開講しているが、受講者(知的障がいのある人と大学生)が話し合う機会を設けている(岡野他、2010、p.30)。その結果、「オープン・カレッジにおいては、本人の意志・意見を十分尊重するとともに、彼らを取り囲む人々と連携をとりながら、この事業を推進することが重要である」(岡野他、2010、p.30)とされている。

　青森県立保健大学においては、「オープンカレッジinあおもり」の活動を行っている。この活動では、知的障がいの人々の「学びたい意欲が感じられた」(廣森・山内、2009、p.23)などの意見が出されていた。

　このように、「オープンカレッジ」「公開講座」の取り組みは、知的障がいのある人々の学びの機会や促進になっており、さまざまな人々が協働しながら実践を行っている場であると考えられる。

3 知的障がいのある人の大学内での活躍
―神戸大学カフェ・アゴラの実践をもとに―

(1) カフェ「アゴラ」とは

これまで述べてきた「オープンカレッジ」や「公開講座」の取り組みは、年間で定期的に行われる実践であるといえる。

一方、神戸大学においては、カフェ「アゴラ」において、障がいのある人の活動支援プログラムを日常的に行っている。元来の契機は、2008年～2011年に採択された文部科学省の「再チャレンジ支援（社会人の学び直しニーズ対応教育推進プログラム）」の一環で、知的障がいのある人と大学生の教育を組み合わせたキャリアプログラムとしてスタートした。

「アゴラ」のプログラムにおいては、知的障がいのある職員や実習生を含み、大学内で、カフェの開店準備、調理、接客、会計、大学内の事務補佐を行っている。カフェを利用する学生は、スタッフと関わる中で、知的障がいのあるスタッフをはじめとするダイバシティの理解を深めている（津田、2015）。

カフェ「アゴラ」は、人間発達環境学研究科の上層階に位置し、「交流ルーム」の表示がなされている。研究科が六甲の中腹にあるため、いわゆる神戸市街の百万ドルの夜景を望むことができる。内部には、喫茶店使用の業務用キッチンが設置されている。壁面は、地元のアーティストの絵画の個展が随時開催されている。ドラム、キーボードのセットも設置されているため、ミニコンサートも開催されることがある。

(2) 実習生へのインフォーマルインタビュー

以下においては、筆者が実習生のChiakiさんに、普段の活動の様子について、2016年4月に、インフォーマルインタビューを行った内容を示す。Chiakiさんは、20歳代前半であり、幼少期は米国で過ごした。そのため、英語と日本語の両方をつかって利用者やスタッフと会話を楽しんでいる。

インタビュアー：カフェではどのようなお仕事をしているのですか。
Chiakiさん：まず、ポイントカードを作ります。これね。

　Chiakiさんは、制作したアゴラのポイントカードが収納されている箱を取り出し、1枚1枚、丁寧に異なるイラストが描かれたポイントカードを取り出し、喫茶のテーブルに並べはじめた。テーブルは、ポイントカードで埋め尽くされた。（図9－1）

インビュアー：このイラストは、すべてChiakiさんが描かれたのですか。
Chiakiさん：そうよ。

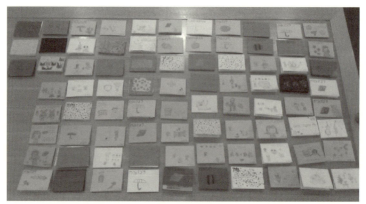

図9－1　アゴラのポイントカード

　カードのイラストを見ると1枚1枚Chiakiさんが楽しみながら描いた様子がうかがえる。このような手作りのカードを来店ポイントカードとして、利用者に渡しているのである。
　ちなみにスタンプ10個たまると、好きなドリンク1杯と交換可能である。有効期限はない。

第 9 章　知的障がいのある人と生涯学習支援

インタビュアー：ほかにどのようなお仕事をしているのですか。
Chiakiさん：デリバリー。ちょっと待って。

　Chiakiさんは、手作りクッキーとコーヒーが設置されている移動販売用ワゴン（図9－2）を引っぱってくる。ワゴンの前で、販売モードでポーズをとる。大学で会議などが開催される時に、会議室の前でワゴン販売を行うのである。また、研究室にオーダーされたコーヒーを運ぶこともある。

図9－2　移動販売用ワゴンとChiakiさん

インタビュアー：ほかにどのようなお仕事をしているのですか。
Chiakiさん：Come on.

Chiakiさんは、エレベーターのところまで手招きし、2階に降りる。そして、教員メールボックスのところに案内してくれた。

*Chiaki*さん：ここでメールの配達をします。

　再び、Chiakiさんとアゴラに戻り、キッチンでスタッフが立てたカフェラテを運んできてくれた。

図9－3　キッチンでアゴラスタッフと　　図9－4　カフェラテ

インタビュアー：かわいいカフェラテですね。
*Chiaki*さん：ちょっと待って。

　今度は、Chiakiさんは、キーボードの前に座り、演奏のパフォーマンスをはじめる。

第9章　知的障がいのある人と生涯学習支援

図9－5　演奏をはじめるChiakiさん

　その他の活動としては、大学農園での栽培活動を毎週木曜日の11時に行っていることと、大学で「新聞づくり」に取り組んでいるということだった。すべての活動に同行できなかったが、多様な学習活動に参画していることが理解できた。

(3) カフェ「アゴラ」の活動を通して
　筆者によるインフォーマル・インタビューでは、Chiakiさんが様々な役割を担って、楽しみながら仕事を行っている様子がわかった。Chiakiさんは、一定、自分の裁量で活動をしている様子もあった。また、折をみて、壁面の絵画や音楽セットに触れることも可能であり、日々「文化に根差した学習」につながっているのではないかと考えられた。
　別の機会に、カフェ「アゴラ」に訪れた際にも、仲がよいという同年代の大学院生2名と会話をしていた。カフェ「アゴラ」を介して、人間関係の幅も広がっている様子があった。
　今回のインフォーマル・インタビューを行った際には、少なくとも「支援する」「支援される」という関係性はあまり感じられなかった。むしろ、

こちらがChiakiさんに案内してもらい、いろいろな活動について教えてもらった。

❹ 知的障がいのある人の生涯学習支援に向けて

　本章においては、知的障がいのある人の生涯学習支援の取り組みの経緯について、概観した上で、神戸大学のカフェ「アゴラ」の事例を取り上げた。各大学の知的障がいのある人の生涯学習支援の取り組みでは、知的障がいのある参加者が学習意欲をもって、さまざまな人たちが連携しながら、活動に取り組んでいる様子がわかった。今後も各地でこのような取り組みが広がっていくことが望まれよう。

　神戸大学のカフェ「アゴラ」の事例では、実習生であるChiakiさんが生き生きと活動している様子が見て取れた。この事例では、スタッフ自らの発想を生かした活動が承認され、ワゴン販売、新聞づくり、栽培、カフェでの調理など、主体的に役割を担って取り組んでいる様子がわかった。

　障がいの有無にかかわらず、機会があれば、誰もが「学びたい」「働きたい」「活動に参加してみたい」という気持ちがあるだろう。

　「文化に根差した学習」では、多様な人々のそれぞれの気持ちを大切にしていくものと考えられる。

● 引用・参考文献
上野千鶴子（2011）『ケアの社会学　当事者主権の福祉社会へ』太田出版、p.64.
岡野智・鈴木恵太・野崎義和・川住隆一・田中真理（2010）「オープンカレッジにおける知的障害者の生涯学習支援に関する意義―受講生の家族へのインタビューを通して」教育ネットワーク年報、第10巻、pp.27-36.
墨田区（2006）すみだ教室は墨田区webサイトで閲覧可能
　http://www.city.sumida.lg.jp/kosodate_kyouiku/seisyounenkyouiku/sumidakyousitu.html（閲覧日：2016. 5. 8）
津田英二（2006）「知的障害のある成人の学習支援論　成人学習論と障害学の出会い」学文社.

津田英二(2015)「カフェ・アゴラの概要」津田英二編集『人と情報のプラットホーム　多様な人と情報が集まるインフォーマル教育実践の場としてのカフェ『アゴラ』と『あーち』居場所づくり』神戸大学大学院人間発達環境　学研究科.
西村愛(2014)『社会は障害のある人たちに何を期待しているか　生涯学習実践から知的能力をめぐる問題を考える』あいり出版.
平井威(2007)「知的障害者の障害発達支援と大学公開講座の実践」高橋智編集代表『インクルージョン時代の障害理解と生涯発達支援』日本文化科学社、p.188-190.
廣森直子・山内修(2009)「知的障害のある成人の生涯学習活動におけるボランティアの学び―『オープンカレッジinあおもり』における実践から―」青森保健大雑誌10巻1号、pp.17-26.
淀野順子・永須環・竹内啓祥(2012)「オープンカレッジにおける学生ボランティアの学び：知的障がい者の学びをサポートする学生の感想から」社会教育研究30号、pp.101-111.

=== おわりに ===

　本書においては、これまでの知的障がいのある子どもたちの教育に関連する歴史的な背景や概念について、把握した上で、知的障がい教育と社会モデルとの関係性について、検討を加えることを試みた。これまで特別支援教育の知的障がい教育の分野では、あまり検討されてこなかった部分でもあり、萌芽的検討にとどまった感もある。今後も研究課題としていきたい。

　知的障がいのある本人の意向を尊重しながら、合理的配慮を知的障がいの分野でどのように行っていくかを考えることは、非常に重要なことであると考える。「コミュニケーションが即時にとれない」という理由で、周囲の人々が知的障がいのある人々の意向を考えることなく、代弁してしまうという行為は、これまでの知的障がいのある人々がおかれてきた状況を考えると、一歩立ち止まって考えていただきたい事柄である。

　本書を通じて、研究者、教員、実践者、保護者、地域住民の方々が「知的障がいにおける社会モデルとは何か」について考える機会にしていただければ幸甚である。

　そのために、後半部分については、知的障がいをとりまく社会的障壁に関連する素材をできるだけちりばめたつもりである。そのため、本研究においては、知的障がいのあるお子さんのご家族やご本人、地域で活躍しておられる実践者の皆さんに多大なご協力を得た。

　ところで、「文化に根ざした教育」とはどのようなものなのであろうか。私自身は、第9章のカフェ「アゴラ」での活動にその一端をみた気がした。絵画や音楽などの芸術やダイバーシティの尊重などが、身近で手の届くところにあり、いつでも知的障がいのある人がそれらに触れて、自分の学びを促進できる教育が「文化に根差した教育」なのかもしれない。

最後に、本書の出版に当たっては、ジアース教育新社の加藤勝博様には、企画、デザイン、図表の作成など、本書の出版に際して、多大なご配慮・ご尽力をいただいた。

　併せて、神戸大学大学院人間発達環境学研究科の津田英二教授には、大学のリソースに関するご情報提供やコーディネートで多大なご協力を得た。併せて、調査研究にご協力いただいたインタビュー調査にご協力をいただいた学校の先生、中村さん（仮名）をはじめとする保護者の皆様、特定非営利活動法人幸創の高野幸男理事長様、アゴラのスタッフの皆様、多数の資料のご提供をいただいた保護者の皆さまをはじめとして、ご協力をいただいた皆様に、ここに謹んで、お礼を申し上げたい。

2016年5月

高橋　眞琴

■著者紹介

高橋　眞琴（たかはし　まこと）

鳴門教育大学大学院　特別支援教育専攻　准教授

神戸大学大学院人間発達環境学研究科　博士課程後期課程修了
博士（教育学）、臨床発達心理士
神戸大学大学院人間発達環境学研究科ヒューマン・コミュニティ創成研究センター
　障害共生支援部門学外部門研究員

【著書】
『―複数の障害種に対応する―インクルーシブ教育時代の教員の専門性』2016年、
　ジアース教育新社
『重度・重複障がいのある子どもたちとの人間関係の形成』2016年、ジアース教
　育新社　他

知的障がい教育と社会モデル
―文化に根ざした教育を考える―

平成28年7月21日　初版第1刷発行

　著　　高橋　眞琴
発行者　加藤　勝博
発行所　株式会社ジアース教育新社
　　　　〒101-0054　東京都千代田区神田錦町1-23　宗保第2ビル
　　　　電話 03-5282-7183　FAX 03-5282-7892
　　　　E-mail：info@kyoikushinsha.co.jp
　　　　ホームページ　http://www.kyoikushinsha.co.jp

カバー・表紙デザイン　株式会社 彩流工房
印刷・製本　株式会社 創新社
○定価はカバーに表示してあります。
○乱丁・落丁はお取り替えいたします。（禁無断転載）
Printed in Japan
ISBN978-4-86371-354-3